麦 肯 锡 学 院

麦肯锡领导力

领先组织10律

LEADING ORGANIZATIONS

Ten Timeless Truths

[美] 斯科特·凯勒 玛丽·米尼 著 苗青 蔡寅 译
Scott Keller Mary Meaney

机 械 工 业 出 版 社
China Machine Press

图书在版编目（CIP）数据

麦肯锡领导力：领先组织 10 律 /（美）斯科特・凯勒（Scott Keller），（美）玛丽・米尼（Mary Meaney）著；苗青，蔡寅译．—北京：机械工业出版社，2020.3（2025.5 重印）
（麦肯锡学院）
书名原文：Leading Organizations: Ten Timeless Truths

ISBN 978-7-111-64936-6

I. 麦…　II. ① 斯…　② 玛…　③ 苗…　④ 蔡…　III. 企业领导学　IV. F272.91

中国版本图书馆 CIP 数据核字（2020）第 036993 号

北京市版权局著作权合同登记　图字：01-2020-0205 号。

麦肯锡领导力：领先组织 10 律

出版发行：机械工业出版社（北京市西城区百万庄大街 22 号　邮政编码：100037）
责任编辑：冯小妹
责任校对：殷　虹
印　　刷：北京虎彩文化传播有限公司
版　　次：2025 年 5 月第 1 版第 10 次印刷
开　　本：147mm×210mm　1/32
印　　张：10.5
书　　号：ISBN 978-7-111-64936-6
定　　价：79.00 元

客服电话：（010）88361066　68326294

推荐序

当斯科特·凯勒发信告诉我他和玛丽·米尼写了一本关于领导力的书，并问我是否愿意写一篇推荐序时，我的反应是消极的。因为，我断定这两位麦肯锡公司合伙人写的书，会被铺天盖地地宣传包装，声称这些新颖、独特、神奇的见解帮助他们的客户实现了惊人业绩，以及这些绝妙的新想法能让你和你的组织达到同样的高度。我之所以愤世嫉俗，是因为在每年出版的1.1万本左右的商业图书中，声称有原创、突破性想法的图书所占的比例令人惊奇。遗憾的是，事实上，几乎所有这些所谓的“新点子”都让我想起了在我邀请著名的组织理论学家詹姆斯·G. 马奇（James G. March）列举我们这个领域的突破性学术研究时，他给出的回答。马奇说，他想不出任何一个这样的研究，因为最好的研究和理论通常都是以有用而简单的方式来构建已经确立的观点，或者是对现有的观点和已经确立的观点的精心延伸或融合。他补充道，“大多数关于原创的主张都是无知的证明，而大多数这样神奇的主张都是自大的证明。”

当我开始阅读凯勒和米尼的书时，我以为他们会依惯例自夸他们的原创性和神奇，却发现一点都没有。相反，这本书揭示了“10个永恒的真相”，这些真相已被证明对麦肯锡自第二次世界大战以来观察和咨询过的组织和领导者的成功至关重要。这本书是少有的遵循了“普费弗定律”的商业书，这个定律出自我与同事斯坦福大学教授杰弗里·普费弗（Jeffrey Pfeffer）的合著，是关于循证管理的：“相较于新事物，我们更应该对真实事物感兴趣。”是的，本书中的建议是由作者能够收集到的最新的（而且是最重要的）证据和经验形成的，而且是专门讨论领导力的主题，它“对于今天的领导者而言就像 40 年前一样有用，并将帮助今后 40 年的领导者”。想想凯勒和米尼要解决的那些永恒而又恼人的问题吧。每个时代的领导者都在为诸如“我如何提高决策的质量和速度”以及“我如何使文化成为一种竞争优势”等这样的问题而奋斗，而且未来仍将为之奋斗。凯勒和米尼关注的是最真实的东西而不是最新的东西，他们聚焦于对组织及其领导者的持久成功至关重要的 10 个主题。

我还被这本书中易于应用的结构、内容和写法所吸引。凯勒和米尼为了帮助读者理解，将他们对“10 个永恒的真相”的见解分成几个部分：“为什么重要？”“有什么好主意？”“如何实现？”每个部分的内容都经过精心策划。例如，在我做过的组织变革的主题领域，我发现凯勒和米尼省去了那些被过度炒作的废话和琐事，他们完全聚焦在基本要素上。例如，在讨论“引领成功的转型变革”时，他们挖掘了几个最重要的经验，比如，如何让成功的概率翻倍，以及理性对待非理性的重要性。最后，我最无法忍受的一件事是，在一般的商务写作和演示文稿（特别是由那些学术和咨询人士做的）中，充斥着空洞和毫无内涵的术语。而本书并没有陷入作家波莉·拉巴尔（Polly LaBarre）所说的类似于“一氧化二钒”这样的术语“诅咒”，这让人耳目一新。

在读完本书并为它担心了几天之后，我发现凯勒和米尼的“10个永恒的真相”是如此易于消化吸收且大有裨益，因为作者和他们的同事多年来已经观察了众多的领导力成败，并且将他们的经验通过大量实践传递给他人。他们的历程让我想起了心理学家威廉·舒茨（William Schutz）的著作《深刻的简单》（*Deep Simple*），书中展示了理解是通过三个阶段发展而来的：简单、复杂和深刻的简单。我发现本书是“深刻的简单”一个非常有力的例证。我希望你和我一样喜欢它。

罗伯特·萨顿

2017年1月

罗伯特·萨顿（Robert I. Sutton），斯坦福大学工程学院管理学教授，组织研究学者，畅销书作者。他撰写了100多篇学术文章、1000多篇博客帖以及6本管理图书，其中包括他最近出版的《走向卓越》（*Scaling Up Excellence*）。最近，他被美国管理协会（AMA）评为商界十大领袖之一，被《商业周刊》评为十大“商学院全明星”之一。

前　言

为什么

像今天的大多数组织一样，麦肯锡公司（两位作者都是这家公司的高级合伙人）正在大力投资于理解技术进步的力量，以帮助我们的客户，并使我们这个组织更高效、更有效地工作。我们已经应用了名为“客户链接”（ClientLink）的客户关系管理工具，作为“让公司数字化”创意的一部分。

从 2015 年年初开始，我们所有合伙人的电子邮件通讯录中的客户联系信息，会自动与刚刚发布的数据库进行交叉引用，数据库中包含了来自世界各地顶级资源的可公开获取的商业文章，根据客户的公司和高管职位，数据库会匹配客户可能感兴趣的文章，将它们发送给合伙人，再由他们转发给客户。

这对作为商业顾问的我们和客户来说都是一项了不起的服务，因为这意味着我们都能及时地从我们自己无法管理的海量资源中获取前沿的、相关联的信息。

除此之外，我们每天都会收到这样一些邮件。

一开始是小说，然后是一件杂事，渐渐地会开始觉得荒谬。原因不在于数量（每天发送一两篇文章是可以接受的），也不在于每一篇文章都写得不好，没有说服力，而是这些邮件让人不由自主地迷失在流行词、框架、宣传和矛盾的断言中。某一天，标题是“同情胜于强硬”，一个月后标题是“权力就是巨大的驱动力”；某一天，标题是“专注于你的优势”，几周后变成了“停止关注你的强项”；某一天，标题是“抛弃你的绩效管理系统”，几天后是“绩效管理：不要把孩子和洗澡水一起倒掉”。

让我们印象深刻的是，书中绝大部分的主题都与我们在商学院所研究的主题相同，也与我们在过去 20 多年里服务客户的主题相同。人才和领导力、组织设计、文化与变革管理这些话题并不是今天才突然出现的。然而，如果你读过许多关于集体领导力、合弄制组织、预测或招聘分析的最新文章，你就会认为，在过去 180 万年左右的时间里，人类还没有学会如何把自己融入组织并一起工作。

回顾这些观察，可以这么说，我们比以往任何时候都更倾向于牛津大学博德利图书馆馆长、作家理查德·欧文顿（Richard Ovenden）的观点，即“知识的创造和消费速度是上一代人无法想象的。然而，我们忽视了其中许多信息是多么的不稳定和短暂，这很危险。我们（需要）比过去更积极地选择该记住什么，该忘记什么”。

坦率地讲，我们之所以写这本书，就是要为领导者提供一站式服务，让他们在领导一个组织时明白“该记住什么”。

对不断增加的、过度感性的、自相矛盾的杂乱建议进行剖析

是什么

为确定具体包含哪些领导力和组织的主题，我们首先查看了1976 年至 2016 年发表在《哈佛商业评论》上的文章数量。我们将文章分成 20 个与组织领导力相关的主题（相对于其他与特定职能相关的主题，如战略、运营、营销与销售、财务、风险等）。然后我们分析了这些主题的文章数量占所有发表文章的百分比是如何随时间变化的。我们的逻辑是，方差越低，就越说明这些主题是永恒不变的（也就是说，相比于始终不变的主题，随着时代的变化而变化的主题具有更高的方差）。

然后我们研究了咨询顾问在麦肯锡公司的知识管理系统的查询频率（作为对客户询问的反映），系统数据可以追溯到 20 世纪 90 年代末。该分析显示，超过 90% 的与组织领导力相关的搜索

至少包含了一项我们在《哈佛商业评论》分析中发现的 10 大永恒主题。最后，我们查看了麦肯锡公司自第二次世界大战以来的咨询业务（对此我们有可靠的记录），证实了多年来我们始终在这些领域为客户提供一贯的服务。

无论是 40 年前、今天，还是 40 年后，每个领导者都必须努力解决的 10 个问题

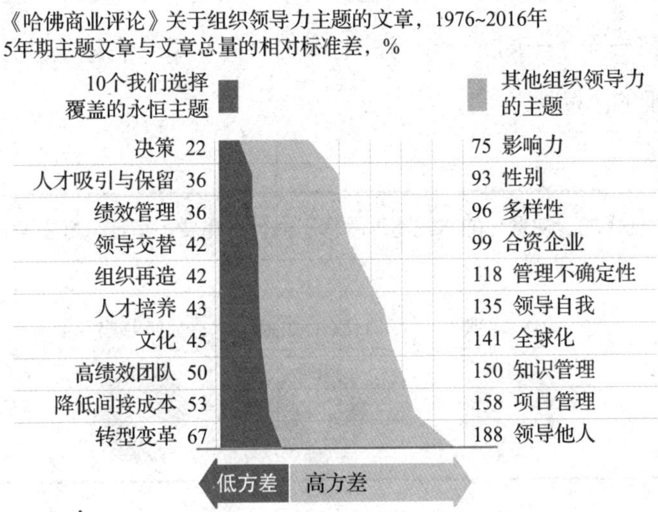

虽然这些资料不是绝对可靠的，但结合我们自己的判断，这些就足以让我们停止无休止的分析并开始写作——相信我们选择的 10 个主题将会像帮助了 40 年前的领导者一样，对今天和从今往后 40 年的领导者有所裨益。

如何做

一些商业图书常常是提出一个好主意，在书的前几个部分做阐释，其余部分都不过是填补内容。还有些人无所不包，成了那句老话的牺牲品："如果你什么都写，你就什么都没写。"我们尽力构建内容和创建模式，这样你和我们度过的每一分钟都能获得一个强有力的新想法。

在内容的组织上，我们让你可以一口气消化这本书，或者轻松地在一天、一周或一个月的时间内读完。每个主题都被分为三个直观的小模块：

以现代的、快餐化的方式清晰阐释了为什么重要，有什么好主意，如何实现

为什么重要？在定义主题并进行相应的介绍之后，我们将深入探讨这个主题为你的组织创造价值的三个重要原因。在这里，你将发现事实的宝藏，学习帮助你判断解决问题的商业案例。

有什么好主意？在这个部分，我们将分享帮助你的组织获取价值的最重要的洞察。我们尽力避免重述常识，而是推动你思考并

做些不同的事情来达成结果。

如何实现? 我们来到非常实用的部分，分享如何应用上述洞见来交付真正的结果。我们通过研讨一个案例来实现这一点，这样你就可以预想改善过程的观感，以及详细说明所要采取的过程的具体步骤。斯科特·凯勒和科林·普拉思（Colin Price）在《超越绩效：组织健康比业绩更重要》一书中写道，每一段历程都被架构成变革的“5A”方法论。自 2011 年出版以来，这个方法论已经被证明可以将变革项目的成功率从众所周知的 30% 提高到 79%。

1. **抱负**（aspire）：我们想去哪里?
2. **评估**（assess）：我们准备好了吗?
3. **构建**（architect）：我们需要做什么才能达成?
4. **行动**（act）：我们如何管理过程?
5. **提升**（advance）：我们如何不断前进?

虽然这些主题是永恒的，但是我们上面所描述的每个部分的形式都是非常现代的。每一个想法都首先通过一个 Twitter 式的概要来传达，总结出领导者需要知道的关键要点。然后，这个想法以类似于博客的形式展开，并配以信息图表，在视觉上强化要点。我们的希望是，每一章的想法都能给你带来同样的知识刺激，就像一场伟大的 TED 演讲一样。

当你放下这本书时，你和我们的旅程并没有结束。网站 www.mckinsey.com/LeadingOrganizations 也使用了同样的以

Twitter、博客、信息图表为导向的方法，该网站让你能够访问这些主题的进一步信息，接收来自麦肯锡组织实践专家的最新洞察，并帮助形成我们接下来要处理的主题。更重要的是，该网站提供了一个机会，让你与那些热衷于使用永恒的智慧又始终站在领先组织前沿的人建立联系。

谁

当我们执笔把这些都写在纸上的时候，我们感到很幸运。在整合我们的最佳思维时，我们借鉴了许多麦肯锡同事以及世界各地的实践者和思想领袖的知识与研究成果。尽管如此，我们承认，我们只是那些真正永恒真理的受益者——这些见解是由无数领导几十年甚至几百年的经验和智慧所铸就的。

对于那些不熟悉麦肯锡的人来说，我们是一家成立于 1926 年的全球性的管理咨询公司。我们的客户包括全球 80% 的超大型公司，以及大量的政府和非营利组织。《财富》500 强企业的现任和前任 CEO 中，麦肯锡校友的人数最多。

至于作者，斯科特是麦肯锡高级合伙人，在麦肯锡工作了 20 多年。他住在南加州，是公司组织实践的全球负责人。工作之余，他喜欢与妻子和三个儿子在一起，弹吉他、运动、旅行——他们去过许多地方（真的非常多，迄今为止已去过 194 个国家），斯科特拥有圣母大学（University of Notre Dame）的工商管理硕士学位（MBA）和机械工程学士学位，并且都以优秀毕业生的身份毕业。他曾是宝洁公司的生产经理和美国能源部的光电工程师。

玛丽是麦肯锡公司高级合伙人，在麦肯锡工作了约 20 年。她住在法国北部，是公司在欧洲、中东和非洲的组织实践负责人。她热爱家庭、阅读和旅行。她拥有牛津大学博士学位（罗德奖学金）和普林斯顿大学的公共与国际事务学士学位。

斯科特和玛丽都很想了解你对领先组织的观点，你可以通过 scott_keller@mckinsey.com 和 mary_meaney@mckinsey.com 直接联系他们。前言到此为止，让我们开始吧！

目 录

第三部分·文化和变革

第一部分

人才与团队

第 1 章

如何吸引并留住合适的人才

1

人才吸引与保留
一个永恒的主题

烹饪界有一句名言："好的食材烹调出美味佳肴。"这句话在商界可以拓展为"杰出人才创造伟大成果"，这么多年来确实如此。

天主教派当年委托了谁来装饰圣彼得大教堂，并期望它变成教皇权力的有力象征？他们只选择了文艺复兴时期最著名的艺术家，包括波提切利（Botticelli）、拉斐尔（Raphael）和米开朗基罗（Michelangelo），他们的劳动成果至今仍然是世界上最著名的室内绘画装饰。第二次世界大战时，当美国总统富兰克林 · D. 罗斯福（Franklin D. Roosevelt）得知德国可能拥有核威胁时，他做了什么？他召集了同盟国最有才华的科学家一起推进曼哈顿计划（Manhattan Project），利用核裂变反应的力量最终结束了战争，在核科学领域创造了一个重要的里程碑。

假设你成为你所在国家参加世界杯足球比赛球队的教练，你需要哪些球员？毫无疑问你会选择那些最有天赋的球员。许多人会觉得无法胜任这个角色而让贤给其他更好的足球教练。

回到开头那个烹饪的例子，聪明的读者无疑会指出，如果是一个没有天分的厨师，反而会把上好的食材搞得一团糟（我们已经验证过许多次了）。相反，许多有才华的厨师能用普通的食材制作出令人惊叹的美食。在商界也是如此，就像渡边捷昭在担任丰田汽车公司 CEO 时指出的一样："我们用资质一般的员工管理出色的流程，获得了杰出的成果……我们的竞争对手常常是用杰出的员工管理破碎的流程，获得了一般（甚至更差）的结果。"

渡边捷昭的观点反映出一个现实：在获取最优秀的人才时面临成本和可用性的限制，而且如果企业战略和公司文化不能有效协调用好人才，那么拥有优秀的人才也并不意味着必然带来高绩效。这就引出了一个重要的问题，即我们所说的"人才"究竟指什么。

我们把人才定义为那些具有天赋技能和天生意愿从而在某些事情上比较擅长的人。因此，尽管你可能具有成为一名优秀大厨的天赋技能——拥有"第六感"或"魔力"把你所准备的食材变成美食，但如果你缺乏天生的意愿，不愿意花时间在烹饪上，缺乏尝试新花样的勇气，那你永远也不会变成烹饪界真正的人才。

当我们讨论吸引和留住人才时，我们指的是如何按照所在组织的人力资本"食谱"获取最好的"原材料"。在后续章节中，我们将更多讨论如何确保这些“原材料”按要求进行组合并产生预期的结果。想了解更多？请继续阅读……

我们把人才定义为那些具有天赋技能和天生意愿从而在某些事情上比较擅长的人

为什么重要?

卓越的人才拥有高达 8 倍以上的生产力

那些才华横溢的员工比一般的员工更有生产力，当然，这是个完全自我参照的表述（我们用生产力来定义人才）。有意思的是，组织能从他们身上获得多少生产力。

针对这个主题已经有许多研究。最近一项针对 600 000 多名研究人员、演艺人员、政界人士、业余和专业运动员的研究发现，高绩效的从业者比普通人的生产力高 400%。企业界的研究也得出了类似的结论，并且显示出这种差异性与工作的复杂性成正比。在高度复杂的工作中，主要是那些信息密集型和交互密集型的工作，比如管理者、软件开发人员、项目经理等，高水平从业者的生产力是普通人的 8 倍。

我们不妨这样思考，假设你的商业战略涉及一个跨职能的重大项目，这个项目预计要花 3 年时间才能完成，届时客户和股东将感受到项目所做工作的全部成效。现在，我们挥舞魔杖把项目中 20% 的普通员工换成高水平人才，不考虑任何与技术实施有关的实际约束，那需要多久才能达到预期的效果？使用 4 倍生产力的员工，你会在不到两年的时间内达到目标。使用 8 倍生产力的员工，不到一年你就会达到目标。

此外，如果你的竞争对手把 20% 的普通员工换成更高生产力的人才，他们将会在市场上击败你，即使他们比你晚开始一年甚至两年——这还是在假设他们没有挖走你的一些已经处在学习曲线中的高水平员工的前提下！

更值得注意的是（虽然有点不太实际），在人才库中前 1% 的人才和最差的 1% 之间的生产力比较。对于复杂程度低的工作（不熟练和半熟练的蓝领工人），前 1% 的人才有 3 倍的生产力。对于复杂程度中等的工作（技术人员和管理者），这个数值是 12 倍。换句话说，这意味着 1 个前 1% 的人才抵得上 12 个处于最差 1% 的人才。对于复杂程度高的工作，研究人员发现这个差异过于巨大而无法准确地衡量。

史蒂夫 · 乔布斯（Steve Jobs），苹果公司（世界上最赚钱的公司）前 CEO，总结了人才的重要性："追求精英员工。一个由 A+ 员工组成的小团队可以大大超过由 B、C 级员工组成的大团队。"管理大师吉姆 · 柯林斯（Jim Collins）也表示赞同："如果今天我经营一家公司，我最优先考虑的事情就是尽可能多地获取最优秀人才，（因为）影响我组织成功的最大因素就是获取并留住足够多合适员工的能力。"

人才质量和商业表现之间的关系

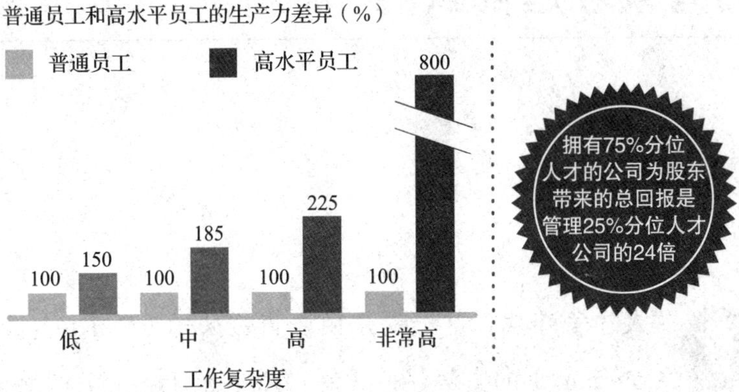

为什么重要？
优秀人才是稀缺的

“人才争夺战”这个词是由麦肯锡公司（McKinsey & Company）的史蒂芬·汉金（Steven Hankin）在1997年提出的，并于2001年因为同名书的出版而得到普及。这个词指的是受代际更迭的驱动，在吸引和留住员工方面日益激烈的竞争：在美国和欧洲的婴儿潮一代退休后，缺乏足够的后婴儿潮一代员工来替代他们。

然而快进到“大萧条”时代结束后的十几年，“人才争夺战”变成了“工作争夺战”，经济陷入金融危机，失业率创自20世纪80年代初以来前所未见的水平。因此，许多工作都不乏求职者。当2013年沃尔玛在华盛顿特区开一家新店时，600个待招职位收到了23 000名求职者的申请，这使得在沃尔玛获得入门级职位比被常春藤盟校哈佛大学录取更难（沃尔玛的录取率是2.5%，而哈佛大学的录取率是6.1%）。

但是这种买方市场并非与“人才争夺战”毫不相干，事实上，对于复杂程度中等及高等的职位（我们已经知道对于这些职位，高水平的人才对于业绩有着越来越重要的影响)，情况是相反的。在充满不确定性的时代，高薪聘用的人才变得越来越不愿意跳槽去其他公司，这意味着那些在危机中处于有利地位的公司，其优势得到了进一步加强。此外，削减人力资源成本的巨大压力使得辨别和赢得最优秀的人才更困难。

展望未来，所有的迹象都表明“人才争夺战”将会愈演愈烈，正如世界大企业联合会（Conference Board）2016 年针对全球 CEO 的调查所见证的那样，“吸引并留住顶尖人才”是 CEO 面临的首要问题（排在与经济增长和竞争激烈程度相关的问题之前）。在高复杂性的工作中这种情况将继续存在，因为婴儿潮一代（以及他们长久的经验）退出劳动力市场，而随着技术的进步需要更先进的技能。

根据麦肯锡全球研究院最新的研究，欧洲和北美的雇主在 2020 年将需要 1600 万至 1800 万名受过大学教育的员工，而缺口占需求量的 10%。这意味着在你所需要的 10 个员工中可能有一个无法找到并满足岗位需求，更不用说顶尖的人才了。此外，在发达国家，将有多达 9500 万的员工可能缺乏就业所需的技能。同样，发展中国家将面临 4500 万名受过中等教育和职业培训的工人的短缺。“战争”的帷幕正在拉开……

为什么重要？
大多数公司都没有做好

人才是宝贵而稀缺的，大多数的领导者对此并不会感到意外。因此人们会认为，在解决如何赢得“人才争夺战”时，领导者们相对比较精明。然而事实却恰恰相反。

高达 82% 的公司不认为它们应该招募非常出色的人才。而在那些吸引顶尖人才的公司中，只有 7% 对自己能留住这些人才有信心。更令人震惊的是，在积极致力于人才相关活动的经理和高管中，只有 23% 的人认为他们目前的人才获取和保留策略会真正起到作用！

很多事实表明，这些领导人并不是谦虚——大多数公司根本就不擅长这些东西。盖洛普（Gallup）2015 年的调查报告显示，超过 50% 的被调查员工“没有全情投入”，另有 17.2% 的员工“心不在焉”。相关的调查报告称，73% 的员工“正在考虑另一份工作”，43% 的员工甚至说相比于一年前，他们更愿意考虑一份新工作。

将上述情况与几十年来人口统计的信息和经验（以婴儿潮

一代的形式）结合起来看，他们正处于永远离开工作场所的过程中，而这种状态变得更加令人不安。比如自然资源巨头英国石油（BP），它的许多最高级的工程师已经成为众所周知的“机器语者”，这是致敬他们在线维护那些重要、昂贵、容易出故障的设备时的卓越表现。如果没有高素质的人才来取代他们，结果可能是灾难性的。

婴儿潮一代退休是一方面，另一方面，顶尖人才变得越稀缺，就会有越来越多做得不够好的公司发现它们最好的人才被那些好公司选中了。这种情况可能在未来更甚，因为千禧一代对雇主的忠诚度远逊于他们的父母。根据劳工统计局（Bureau of Labor Statistics）的数据，现在的工人平均每份工作的年限为 4.4 年，但劳动力市场中最年轻员工的预期工作年限大约是这个数字的一半。

这种人事变更的成本往往被低估了。越是信息密集型或交互密集型的工作，对一个地区生产力的破坏就越大（研究表明，高级职员平均需要 6 个月的时间才能充分发挥出生产力），就越需要把更多的时间和金钱投入到搜寻和入职培训上，而从你这儿挖走了人才的竞争者就会从对你的战略、行动和文化的内部了解中获益更多。

退一步讲，为什么人才重要？因为高价值 + 稀缺 + 获取困难，对于一个做对了的企业而言是一个巨大的机会。让我们来看看要达成这一点需要做些什么。

《财富》世界 500 强企业高管对其所在企业人才管理的看法

《财富》世界500强企业高管对其所在企业看法的百分比：

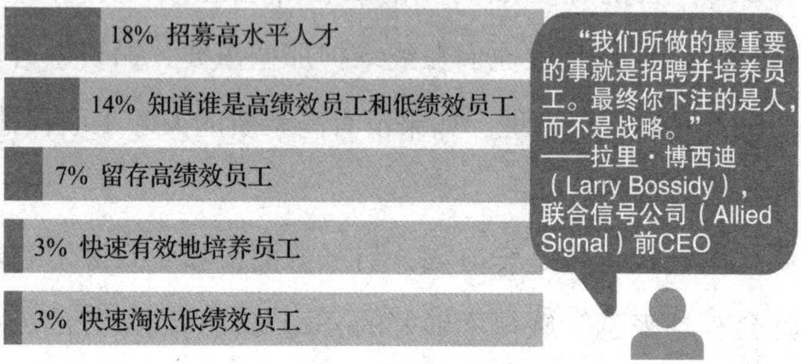

有什么好主意?

专注于那 5%，他们创造了 95% 的价值

正如我们所知，人才的重要性并不是一个新的或令人惊讶的概念。我们看到许多公司经历了一个周期又一个周期的探索，以期在吸引和留住人才方面获得改善。对当前的流程进行剖析，并与最佳实践进行分析比较：确定招聘网络是否足够广泛，是否能确定合适的候选人，是否运用了合适的培育方式。然而，最终当绝大多数领导者继续报告他们没有招聘到有才能的人，同时也不相信他们现行的战略会改变这一点的时候，就需要进行渐进式的改善。

他们缺少什么？让我们借用体育传记电影《盲点》开场的一幕，以美式橄榄球（American football）为例。如果要问谁是一个团队中收入最高的球员，大多数人会说四分卫，因为他是执行绝大多数比赛的最核心人物。如果要问谁是薪水第二高的球员，大多数人会说跑卫或外接员，因为他们直接与四分卫一起让球向前移动。但他们是错的，薪水第二高的球员是左后卫，一个根本不碰球，在球场上不被人注意的人。为

什么？因为左后卫保护着四分卫远离他看不到的东西（比如，任何处在他“盲点”的东西），那些是最有可能让四分卫受伤的。

这个比喻强调的是并非所有角色都是平等的：人们创造或保护价值的程度不同，而且并非所有人的作用都显而易见。海军绝对应该确保拥有最优秀和最聪明的舰队指挥他们的核潜艇舰队，同样地，他们也应该确保能吸引顶尖人才来担任 IT 电力断供工程师（相当于“左后卫”）的角色，这个角色能防止环境和人类遭受意外灾难。在世界上最大的包裹递送公司联合包裹速递服务公司（UPS），业绩不仅与包裹处理程序员有关，还与物流线路工程师有关，他们的细微调整会极大地影响成本和交付时间，规模可达数亿美元。

在一个资源有限的世界里，我们建议公司将其人才工作重点聚焦在能获得最佳结果的关键少数领域。要从角色开始，而不是从流程（这可以创造通用的解决方案，效果不显著）或者具体的人（这或许能帮助你解决当下问题，但无法建立一个有效的制度性机制去吸引和留存最关键、最优秀的人）开始。

听从告诫并选择正确的战场并不简单——需要你理解与特定角色相关的价值创造的真正经济规则，而这正是你赢得人才战争的秘密武器之一。

如何识别创造了 95% 的价值的那 5% 的人

每个公司都应该回答的关于人才库的三个问题：

1. 今天，什么样的人才最能促进增长和执行
2. 未来5年这些将如何变化？
3. 你所需要的人才在多大程度上是稀缺的或是高需求的？

将人才库5%定为“目标”的例子：

- 联合包裹：物流线路工程师
- 沃尔玛：全方位渠道招商员
- 美国海军：舰船IT电力断供工程师

有什么好主意?

让你的 offer 变得有吸引力……并且兑现它!

大多数领导者对“员工价值主张”或者“EVP”(employee value proposition)这个词都很熟悉。简单地说,这是一种交易,它定义了员工从他们的“付出”中获得的“回报”。“付出”有很多方式——时间、努力、经验、主意等,同样,“回报”也是如此,包括有形的奖励、作为公司一员的经历、公司领导层的帮助,以及工作本身等。最终,如果你的 EVP 比竞争对手更强大,你将会吸引并留住最优秀的人才。

这一概念在商界并不新鲜,但很少有公司能真正通过 EVP 来帮助自己赢得人才争夺战。这是为什么?三个原因:

没有特色。人力资源部花几个月的时间,仿照市场部的方法来确定员工想要什么,他们发现每个人都希望有一份好工作,服务于伟大的公司,有优秀的领导,获得巨大的回报。人力资源部随后建议公司的目标价值主张应该兑现这些——看起来每家公司都经历了同样的过程。我们认为,更好的做法是让公司在某一方面脱颖而出（而不是被别人破坏）。比如，如果你想要一份经常面临复杂挑战的工作，就去谷歌；如果你被理查德 · 布兰森（Richard Branson）的领导力鼓舞，就去维珍[㊀]；如果你想“打败死亡”，就去安进[㊁]；如果你想在钢铁行业致富，就去纽柯[㊂]。

不聚焦。有一个整体的符合其组织特点的 EVP 是很好的，然而更有效的是针对扮演最重要角色的 5% 的员工制定特定的 EVP。比如，如果数据科学家很关键，你就要树立一个价值主张，明确让他们去创造（而不是重复），让他们有清晰和快速的职业发展（交叉培训），并且始终与他们产生影响力相关联（与确定项目范围和决策相关的高管）。

不真实。曾经有一段时间，人力资源部会做出一份引人注目的 EVP，并通过公共关系的推动获取最佳人才。然而，从长期来看，这始终是一个亏本生意，因为如果现实工作不像广告中所宣传的那样，杰出人才的幻想会很快幻灭。今天，优秀的人才从一开始就不会上当。员工被认为是比 CEO 更可靠的公司信息来源（50% 对 38%）。如同互联网和社交媒体使顾客能够检查产品的宣传是否属实一样，EVP 也是如此。像 Job Advisor 或 Glass Door 这样的网站已经变成了求职领域的

㊀ 维珍，由著名的英国商人理查德 · 布兰森爵士创办，业务范围包括旅游、航空、娱乐等。

㊁ 安进，全球生物制药巨头，由一群科学家和风险投资商于 1980 年创建。

㊂ 纽柯，美国第二大的钢铁生产商，总部设在美国北卡罗来纳州夏洛特市。

TripAdvisor[㊀]，它们会提供同事评分和对公司工作的评价。因此，你的 EVP 不能是编造的，必须是真实的。

独特的、有针对性的、真实的 EVP 是人才争夺战中的武器。不要让你的竞争对手赢得这场“军备竞赛”。

最受顶尖人才重视的四个要素，这应该成为独特性的来源

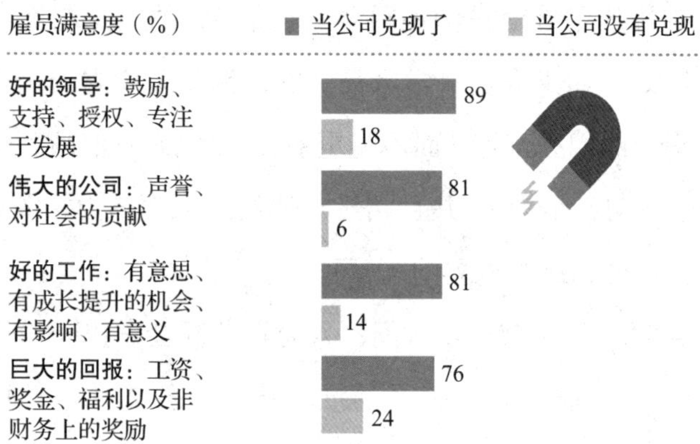

㊀ TripAdvisor，全球领先的旅游网站，官方中文名为“猫途鹰”，收录逾 5 亿条全球旅行者的点评及建议，覆盖超过 190 个国家的 700 万个酒店、餐厅和景点。

有什么好主意？

科技将成为下一个游戏规则的改变者

熟悉迈克尔·刘易斯（Michael Lewis）的著作《点球成金》（*Moneyball*）的人都知道，书中在决定招募哪些球员的问题上，曾让棒球业内人士（球员、经理、教练、球探，还有管理部门）的集体智慧与严格的统计分析相对抗。我们无意向那些还没有读过这本书的读者剧透情节，但结果是机器赢了，并且永远地“改变了游戏”。那么在商业界招聘顶尖人才，是否也会如此？

当美国国家经济研究局研究这一问题时，他们针对 15 家公司的高流动性岗位，在超过 30 万员工的雇用问题上让人与机器对抗。结果呢？人类的经验、本能和判断都被彻底击败了。那些被机器挑选出来的员工待的时间更久，表现得也更好。明尼苏达大学的教授们分析了其中的 17 项研究，发现在招聘中使用算法至少胜过人类决策 25%。“这种效应适用于针对大量候选人的情况，无论是对一线岗位、中层管理者，还是高管。”

这对许多领导者来说是难以接受的。大多数人认为，考量应聘者的资料，问一些有深度的问题，并直视他（她）的眼睛，这对做出关键的招聘决定至关重要。然而，一些公司正放弃这种观点。施乐公司用 Evolve 公司开发的在线测试代替了他们的招聘筛选过程。自从上线以来，人员流失减少了 20%。Richfield Management，一家垃圾处理公司，是另一个很好的例子。他们使用一种算法来筛选求职者的性格特征，以识别滥用工人补偿福利的倾向。这样做之后，工人的赔偿要求下降了 68%。

除了吸引最优秀的人才，大数据和分析还能帮助留住优秀的员工。由 Workday、SAP 公司的 Success Factors、甲骨文公司等提供的人力资源软件系统已经从诸如领英（LinkedIn）等渠道收集信息，从而在顶级人才可能考虑跳槽时发出预警。在麦肯锡公司，我们使用机器学习的算法确定了导致 60% 的经理人流失的三个因素——所有这些都与我们之前假设过的工资、出差或工作时间等因素无关。

人类分析仍在初期，但发展速度很快。只有 8% 的公司报告说它们在 2016 年完全具备模型预测的能力，而 2015 年这个比例为 4%。作为一个领导者，如果你在人才争夺战中没有利用科技手段的具体计划，毫无疑问，你很快就会落后。

最终，我们避免了只有机器才能赢得人才战争的想法。想想 1997 年 IBM 的“深蓝”计算机怎样打败了国际象棋大师加里 · 卡斯帕罗夫（Gary Kasparov），然而今天，世界上最好的棋手既不是一台计算机，也不是一个人，而是玩电脑的人类团队。毫无疑问，在商业领域也会如此。

科技在吸引和留住人才方面产生影响的例子

人才搜寻	筛选、评估和入职	员工挽留和留任
使用分析、在线数据来源和社交网络等手段来挖掘潜在的人才资源	使用调查、工具和游戏化等方式来预测谁会表现最好	使用分析来更好地评估流失风险和识别个性化的挽留方法
减少了20%用于填补职位空缺的时间	减少了25%的招聘支出和失误	对高绩效员工的挽留提升了10%~25%

如何实现？
遵循 5 步法则来吸引和留住人才

美国一家重要的公共机构的新领导人上任后，肩负着变革的使命：该部门连续 5 年未能达成预算，媒体一直忙着报道该机构无能、低效和充斥着官僚气的故事，士气空前低落，关键人才纷纷离开。这位新领导者觉得她知道什么问题需要解决。然而问题是，她在组织中找不到人才去完成需要做的事情。这个问题并没有快速解决的方法——每个部门都有自己的招聘方式，而所有这些都被满足眼前需求（下一个月）的恶性循环所消耗。更糟糕的是，这种流失主要来自于组织不想失去的高绩效员工和专业人才。这种状况必须改变，而且要快！

1. 抱负

一个团队被授命，用领导的话来说，就是去“修好漏桶，再用你能想到的最好的东西把它装满”。团队的核心成员从每个部门中挑选出来，加入这个特别任务组迎接挑战，而且很明确的是，每个部门的领导者都在为一个成功的结果而“共谋”。

团队的第一步是严格地确定人才要求，以使实现 5 年计划成为可能。

分析显示，有两个关键角色需要更多更好的人才：关键的总经理职位以及掌握数据分析技能的重要专家。把这种人才“需求”观点与“供给”观点相结合，就发现了差异。高级管理团队（他们决定了今后的工作方向）对完整的数据集进行评审，并授权给工作组，如果他们要吸引这样的人才，就大胆去做。

抱负
我们想去哪里?

战略展望：以3~5年的视角，确定你的商业战略对人才的影响

供需规划：基于场景进行3~5年的预测，预测你所需要的可以带来增值的人才，以及你从市场上满足需求的可能性

领导一致性：从高级领导者那里获得对预测的人才需求和商业价值的支持与认同

2. 评估

优先事项确立之后，要对当前形势进行深入研判。在目标细分市场中，新员工关心的是什么？相比于新员工的其他选择，这家公共机构在这些方面是如何看待的？关键岗位，人员流失的原因是什么？目前正在采取的方法哪些是有效的，哪些是无效的？为了回答这些问题和其他问题，研究团队利用面试技巧，收集了定性方面的数据，然后运行大量的预测分析算法来确定模式，并分析总经理的日程来了解他们的时间是如何分配的，通过这些方式收集定量数据。

结果是非常有启发性的。那些价值主张（有意思、有成长提升的机会、有影响、有意义）在很大程度上是切中目标的。然而，现实并不如宣传的那样。当新员工打电话给前几年在此就职的朋友时，他们听闻的都是一个走向"官僚化"的极少或没有指导的组织。招聘人员意识到了这一点，但他们的动机是把人们招聘进来，因此故意"夸大"岗位角色，以期达到他们的短期目标。结果是，优秀的人才迅速离开，而另一些人，满足于安全感和相对较高的薪酬，他们采取了"在岗式离职"的态度——依然领薪，但贡献甚微。

另一种观点是，专业职位的候选人的价值主张与其他候选人不同，他们重视更深层次的技术发展，有机会拥有一些"自由"时间去从事特殊的项目，也拥有更加轻松、非正式的环境。而且他们发现，数据分析专家对"填表"型工作或行政事务缺乏耐心，这很可能是导致人才流失的痛点。

评估
我们准备好了吗？

可验证的基准：利用基准了解当前人才在数量上和质量上的优势及差距

对offer的评估：在员工招募上拓宽劳动力市场投入，包括运营方面（例如，能够产生真正的影响力，领导参与）

员工离职的驱动因素：使用预测分析和定性度量来搞清楚为什么你的关键人才离开

3. 构建

基于评估阶段所掌握的情况，工作组建议对高管团队进行一些改变，设立专才和通才两种独立的职业路径：大事业部总经理的角色要进行调整，这样他们可以发挥更多的指导作用而非协调作用，通过更小的管理幅度，减少行政管理负担。而为数据分析人才提供了一条集中化的路径，在不同的校园提供更轻松、非正式的活动，并更注重推荐项目。对于在预测分析显示出弱点的特定岗位，领导者同意与表现最好的人进行单独的“一对一”讨论，以理解他们的问题，并确定立即采取的一系列行动。

此外，分析显示有 10 位至关重要的领导者有意向离职，于是让他们参与为总经理角色重塑员工价值主张的工作。这不仅取得了更好的工作效果，还起到了挽留的作用，而且对年度继任计划（例如，专注于关键岗位）和招聘流程做了变革，以使其更加有效（例如，投资一个基于网络的平台，以整合招聘公告和候选人跟踪）。

构建
我们需要做什么才能达成？

有吸引力的offer：根据对员工的影响，为你的offer选择差异化的方式，并提升运营机制（如一线督导）

精益招聘渠道：重新配置你的招聘渠道，以减少招聘时间和增加新入口

优化工作设计：把不能带来增值的部分从稀缺人才的工作中移除，让他们集中精力，并减少招聘需求

4. 行动

领导者和高管团队在沟通和角色建模方面身先士卒，以使目标员工的价值主张在组织中真实、充满活力（例如，亲

自参加新改革的顶尖人才领导力发展项目)。这家公共机构的新领导人很快就以在每一次绩效对话中提出的两个尖锐问题而闻名:“你最重要的5～7个优先事项是什么?”“你最优秀的5～7个领导人才是谁?”回答这些问题的人很快就明白了这两者之间是一场竞赛!

为此,该公共机构设立了一个人才办公室,以确保进度,并定期报告关键指标,如聘用的时间和成本、录取率和人员流失率(总体的和关键人才的)。这些指标与业务和财务指标一样被检视,能够像管理其他要素一样严格管理人才,对领导者来说就像是呼吸新鲜的空气。此外,人才办公室还开发了一种更全面的人员技术策略,以在简历筛选和离职记录中寻找“隐藏的标签”。

行动
我们如何管理过程?

卓越运营: 执行关键的业务变革以支持EVP,并确保度量指标、跟踪机制和治理到位

技术路线图: 决定技术在何处、何时,以及如何能使得招聘和人才保留更有效率和效能

领导承诺: 确保一个关键的领导群体致力于发挥他们在吸引和留住高优先级人才方面的作用

5. 提升

结果很快开始显现:员工敬业度上升,流失率下降,特别是在近期的招聘中更为显著。士气提升转化为校园里日益增长的“嗡嗡”声,录取率也开始提高。领导者及其团队很快发现

了他们这个新战略的额外收益：员工不仅更快乐、更投入，而且成为强有力的招聘源，积极推荐人才，深度参与其中。HR 通过发起“选择你最想与谁共事”这样的活动来有效利用这一新能量，并把最具活力的领导者和专业人才作为关键的校园宣讲会和职业招聘会的“招聘队长”。在这一点上，人才办公室已经在整个企业里将人才透明制度化：利用一个互动的员工仪表盘，在招聘、质量、匹配度和效率方面制定具体指标。

提升
我们如何不断前进？

良性招聘循环：利用企业内部的劳动市场及现有人才作为外部人才的背书和人才推荐的渠道

激励系统：把公司动机（方向、能力、激励、挽留）和员工动机（目标、重要性、认可及奖励、归属感）相结合

监控及调整：持续更新长期视角及短期策略来满足期望

18 个月后，让所有参与者都高兴的是，该组织成功地在公共机构“最佳工作场所”排行榜上提升了近 40 名，这是登上排行榜以来最大的增幅。这种公共认可有助于提升组织的声誉，进一步提高他们获取所需人才的能力，特别是那些想要寻找合适的工作—生活主张的数据分析师。同时，员工流失率降至历史最低点，特别是在组织的关键管理和专业岗位上。作为成功的一个最终标志，关于组织的新闻标题不再是螺旋式下跌，而是探讨扭转公司局势的大胆的新日程表以及领导力。

人才吸引与保留
概览

为什么重要?

- 卓越的人才拥有高达 8 倍以上的生产力。
- 优秀人才是稀缺的。
- 大多数公司都没有做好（获取合适的人才）。

有什么好主意?

- 专注于那 5%，他们创造了 95% 的价值。
- 让你的 offer 变得有吸引力……并且兑现它!
- 科技将成为下一个游戏规则的改变者。

如何实现?

- 遵循 5 步法则来吸引和留住人才。

在每个步骤中，最容易被忽略的动作：

抱负：创立一个 3~5 年的人才供需计划。

评估：预测分析人员流失。

构建：从工作中移除不能带来价值增值的活动。

行动：开发技术路线图以实现改善。

提升：将公司价值与个人意义联系起来。

第 2 章

如何培养所需的人才

2

人才培养
一个永恒的主题

人才培养对于个人、机构和社会的进步至关重要，而且一直如此。在科幻小说里，如果你被传送回 12 000 年前的石器时代，你最好希望自己能快速掌握把燧石、鹿角、牙齿等变成工具的技能，并使用它们游荡在广袤原野寻找食物，还要与其他人交换物品。如果你被传送回古希腊，你可能会花上几年时间做一个商人的徒弟，学习如何在那个时代生存和发展。如果你在中世纪的时候踏上了通往骑士之路，那么你将会和猎人、放鹰者一起训练，还会和牧师一起进行学术研究。然后你就会成为一个乡绅，掌握骑马、射击和击剑技能并参加比赛。掌握了所需的才能之后，你就会被授予骑士头衔。

在所有这些情况下，你不仅需要掌握技能，还需要培养相关的态度和信念，使自己能够以所在的组织和社会所重视的方式去运用这些技能。正如美国第 26 任总统西奥多 · 罗斯福（Theodore Roosevelt）所说，“教书不育人，只会为社会埋下隐患。”这让我们回到了对才能的定义，即“才能是一种天生的技能和意志，它会让人在某件事情上出类拔萃”。但是，“自然的”“天生的”这样的词不是暗示着才能是天赋吗？在这本书里不是。当然，有些人的“魔力”与生俱来，但毫无疑问，才能是可以培养的。

让我们以开车为例。没有人生来就会开车，等到了法定年龄，人们需要学习驾驶技巧，并采取正确的态度在繁忙的道路上安全成功地驾驶。当我们初次握住方向盘时，我们需要全神贯注，需要考虑在换车道前观察后视镜，在转弯前打转向灯，考虑谁在十字路口有优先权等。然而，随着我们获得更多的经验，驾驶变得相对不费力气。我们可以一边开车从 A 地到 B 地，一边聊天，吃零食，听手机上的指示，甚至注意到与驾驶无关的广告牌。一旦有了这种体验，我们往往在到达目的地时几乎不记得开车的实际动作，感觉到驾驶技术是天生的，驾驶的态度和能力是与生俱来的，感觉自己比刚开始开车的时候更有天赋。

当然，在更高的层次上，“魔力”因素开始发挥作用，并将最好的与其他的区分开来。例如，很少有人能坐上一级方程式赛车，并有希望与英国的刘易斯 · 汉密尔顿（Lewis Hamilton）这样的选手竞赛。像我们已经提出的，领导者的目标是吸引并留住像刘易斯 · 汉密尔顿这样重要的 5% 的人才，这些人对价值创造至关重要——我们相信，其他人都应该被视为“有才能的司机”，能够迅速、成功、安全、合法地完成从 A 地到 B 地的任务。

人才发展包括提高员工的技能和意愿

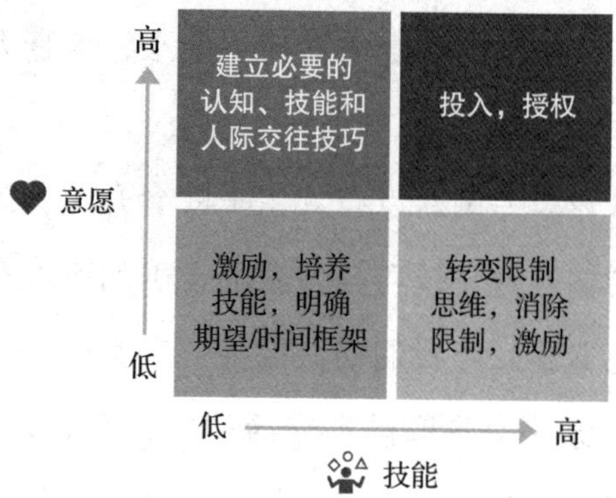

为什么重要？
你无法买到足够多的人才，所以必须自己构建

我们已经确定人才是稀缺的。麦肯锡全球研究所预测，到 2020 年全球高技能工人将短缺 13%。即使是今天，在美国，30% 的公司有超过 6 个月无法填补的空缺职位。在日本，80% 的公司有类似的缺口。

虽然教育系统的设计初衷是满足现代经济体的经济需求，但我们不能指望它有助益。在许多主要的经济体，学校人满为患，支出停滞，教师激励机制失调。这样的结果是令人沮丧的。例如，美国教育部报告说，尽管现在美国五分之四的学生能高中毕业，但超过 60% 的高中毕业生不能熟练地阅读或解答基础数学题，因此对大学和现实世界的准备不足。尽管成绩不佳，但令人震惊的是，美国的教育体系仍被认为是全球最好的教育体系之一——由此可见，如今的教育还不能满足世界各地公司的需求。

再加上工作的性质也在变化。21 世纪头 10 年，事务性工作（如银行出纳员、零售收银员）和生产性工作（如工厂工人、农民）的就业是负增长，而互动密集、问题解决、基于经验和

判断的、环境敏感的工作（如护士、律师）增长了近 5%。随着技术持续为在较少直接人工干预的情况下进行生产和日常交易工作创造新的可能性，这一趋势将进一步加剧。

当你观察公司的领导层时，挑战就变得更严峻了。高管们报告说，他们的前 300 名管理者中，超过 70% 的人不具备抓住公司现有商业机会的能力。难怪 65% 的 HR 专业人士将领导力发展和继任计划视为他们的人力资本优先工作，超过 50% 的雇主表示，他们计划增加对领导者培养的投资。

励志演说家齐格 · 齐格拉（Zig Ziglar）曾经说过：“唯一一件比‘培训员工又失去了他们’更糟糕的事情，就是‘不对他们进行任何培训，也留不住他们。’”然而，现实情况是，那些有机会持续发展的员工他们在公司度过其职业生涯的可能性是其他人的两倍。人才培养 = 更多你所需要的人才，待的时间更长。这是一个很好的商业等式。

高层管理者意识到需要更好的人才管理方式

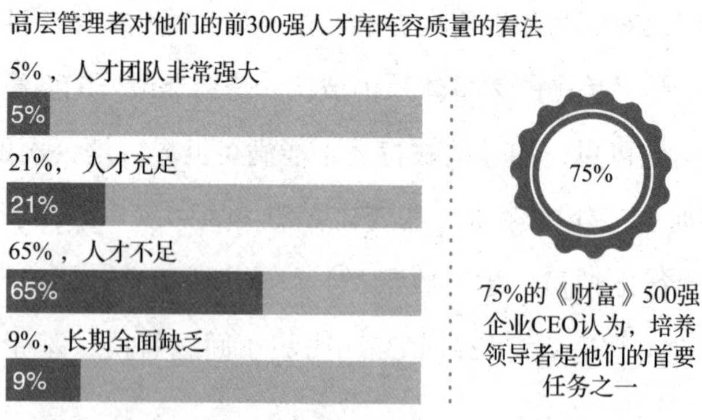

为什么重要?
大多数公司都在努力把人才发展做好

公司致力于人才发展的最具代表性的表现之一是企业大学。通用汽车公司是这方面的领先者，1927 年它就建立了通用汽车学院。第二次世界大战之后出现了最著名的两所企业大学——1956 年的通用电气公司克劳顿管理学院和 1961 年的麦当劳公司汉堡大学。20 世纪 70 年代，迪士尼和摩托罗拉等公司纷纷效仿。到 80 年代末，效仿企业超过 400 家；到 21 世纪初，效仿企业已超过 2000 家；现在已有超 4000 家公司建立企业大学，这比美国或欧洲的大学和学院数还要多。

人才开发方面的投资也以同样的速度增长。在过去的几年里，公司用于学习和发展的支出增长了大约 15%，在全世界超过 1300 亿美元。学习与发展（L&D）预算中的最大份额花在了领导力开发上，平均每 1 美元的培训中有 35 美分花在了培训各个层次的领导者上——从一线主管到公司高管。

尽管做了如此多努力，但很明显许多公司在领导力发展方面做得不够好：只有 7% 的 CEO 认为他们的公司能有效地培养领导者；只有 8% 的《财富》世界 500 强公司的 CEO 认为他们的领导力发展项目有明显的商业影响；87% 的领导者希望他们的组织在发展员工方面有重大的改变，超过 70% 的组织将“能力差距”作为它们面临的最大挑战之一。

当然，人才培养不仅仅是投资于企业大学的正规培训项目。研究表明，大部分的培养都发生在工作中，通过接受指导和新的挑战来实现。然而，只有大约 1/5 的员工表示，在过去 5 年中他们从雇主那里得到了在职培训，不到 50% 的员工认为他们得到了领导的培养。此外，不到 50% 的雇主报告说，他们已经制定了正式的员工职业道路框架（其中只有 1/4 的雇主真正跟踪效果），只有 1/3 的公司报告说，其经理会积极地与员工讨论职业发展。

管理学大师彼得 · 德鲁克在 1959 年提出了“知识工作者”的概念。他看到了商业和经济的转变，从制造业的成功或生产产品的能力，转变为生产和使用知识的能力。他曾说，“开发人才是企业最重要的任务——这是知识经济中竞争的必要条件。”事实证明，他的预测是正确的，但对企业而言，要做到很难。

人才开发投资回报率低

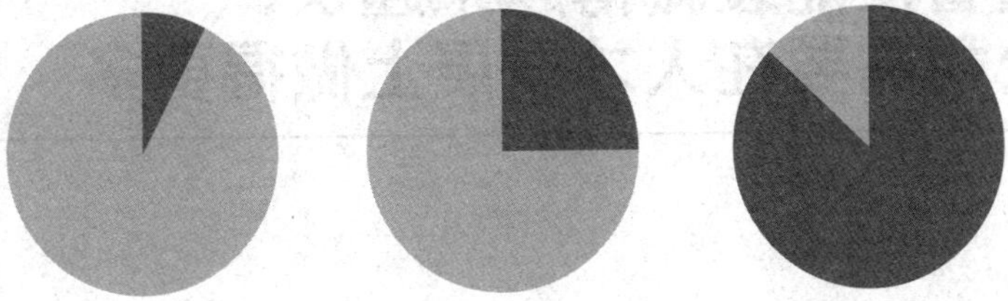

只有8%的《财富》世界500强企业的CEO认为，自己公司的培养计划具有明显的商业影响

不到25%的一线经理认为，公司的学习与发展部门对实现他们的商业目标至关重要

87%的领导者希望自己的公司在如何发展员工方面进行大刀阔斧的改革

为什么重要？

随着技能衰减得越来越快，公司需要在人才发展上做得更多

还记得掌中宝（Palm Pilot）吗？它由美国机器人公司（US Robotics）推出，于1996年以第一款口袋大小的PDA（个人数字助理）的形象亮相，被广泛认为“做对了”。它大受欢迎，很快成为世界上最知名的品牌之一。掌中宝的一个独特之处是用户必须使用“涂鸦字母表”（Graffiti Alphabet）来书写。涂鸦字母表需要一段时间才能掌握，人们很是羡慕那些掌握了涂鸦字母表的人——他们能比手写更快、更精确地完成电子笔记，而且常常不看屏幕。

三年后，加拿大移动研究公司（Research In Motion Limited，RIM）的黑莓手机（Blackberry）首次亮相，推出了一款易于使用的微型键盘，任何人都可以用拇指打字——不需要新的字母表（iPhone后来以触摸屏的形式推出）。掌中宝很快就失宠了，与涂鸦字母表相关的技能也被淘汰了。

如果我们告诉你，你公司员工的技能和态度在今天的就业市场就相当于掌握了涂鸦字母表——三年内，他们就会被淘汰，

你做何感想？虽然我们不认为这是完全正确的，但这也并不像你想的那么牵强。想想看，直到 1900 年，人类的知识几乎每个世纪才翻一番；而到第二次世界大战时，每 25 年翻一番；今天我们的知识每 12～18 个月就翻一番，而且根据 IBM 的说法，“物联网”可能很快会使知识每 12 小时翻一番！

当然，这并不意味着你的员工一年前所知道的东西在今天有一半已经过时了——并非所有知识都有用，而有些知识又是不受时间影响的（如果我们不相信，就不会写这本书了）。但获取新信息或新技能确实可能对你的企业有利，可以确保你不会落后于竞争对手。例如，如果一个首席营销官（CMO）不知道如何利用大数据（Hadoop）、博客系统（WordPress）、谷歌分析（Google Analytics）、Hubspot 或 Salesforce，那么他现在就是不称职的——虽然这些工具在他们读研究生的时候都不存在。比知识变得过时更令人担忧的是自认为知识是正确的——但其实它是错误的。这不会发生在你身上，对吧？恐龙是冷血动物吗？糖精会致癌吗？高纤维饮食能防癌吗？水蛭有药用价值吗？冥王星是行星吗？所有这些问题的答案都是“不”，然而许多人却不这么认为（并且仍然相信他们掌握的是事实）。对于客户、成本、资本和风险管理，你的员工可能知道哪些不再是事实的东西，这对你的业务会有什么影响？

很明显，雇主们也需要把自己当成教育者。但是，你怎样才能让这种教育在你的公司里与众不同呢？

知识类型与时间的相关性

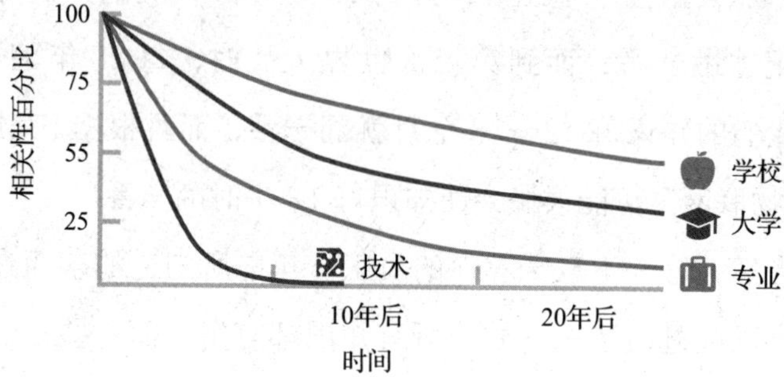

"当一门学科完全过时，我们就把它当作必修课。"

——彼得 · 德鲁克

有什么好主意？

超越教室和计算机

在 20 世纪 80 年代中期发展的 70：20：10 模式，仍然被广泛认为是人才发展的最佳模式，这个模式认为 70% 的知识应该通过与工作相关的经历积累起来，20% 的知识应该通过与他人的互动（比如同伴学习、教练、指导）建立起来，10% 的知识应该通过正式的教育活动（面对面或在线方式）建立起来。这在具体实践中是什么样子的呢？让我们以最近被提升为产品开发经理的 Stefan 为例。作为职位转变的一部分，他参加了公司的一线主管（first line leader，FLL）发展项目。这个项目为期 9 个月，目标是为 Stefan 提供所需的技能和心态，以实现他的挑战目标：将他所在区域的产品开发周期缩短 50%。

这个项目从他和公司其他 20 名员工一起参加的为期 3 天的脱产活动开始。他了解到，他们有着相似的希望和恐惧，而与之前 FLL 的小组讨论有助于消除这种恐惧。根据案例研究、角色扮演和小组合作所获得的经验，他总结并提出了他所在领域的计划。他还了解到，他的一些根深蒂固的领导理念不再适用于他的新职位。

在第一次培训后，他开始把他所学到的东西应用到工作中。他使用一套带有随需应变教程的电子化工具，从每周与导师（前 FLL 成员，现为高潜力经理，也是高级领导人员发展计划的成员。她也向 Stefan 征求关于她领导的跨业务项目的建议，这是她自身发展的一部分）的会面中获得智慧，并与同事小组参加由一位教员引导旨在促进问题解决的月度虚拟会议。

3 个月后，又会有一次培训，是关于领导变革的。然后是为期 3 个月的应用于实际工作的导师指导和由老师指导的同伴辅导。紧接着进行另一次培训，然后开展更多的实战工作。这个项目在 9 个月的时间里渐入佳境，参与者们现在对自己的角色感到自信，并兴奋地带头前进，向执行团队展示他们的成果和所学。

Stefan 的混合学习之旅是 70 : 20 : 10 模型的一个相对直接的应用。然而，像这样的经历太难得了。只有 30% 的领导者表示，他们的公司擅长提供在职培训；25% 的领导者表示在教练和辅导方面同样如此。参加正式课程的员工在重返工作岗位时，他们所学到的知识会丢失 90%，而提供在线培训的公司只有 4% 的在线课程被学完。然而，胜利者总是坚持把事情做好。

人才发展理论与实践

分配给不同发展类型的时间占比（%）

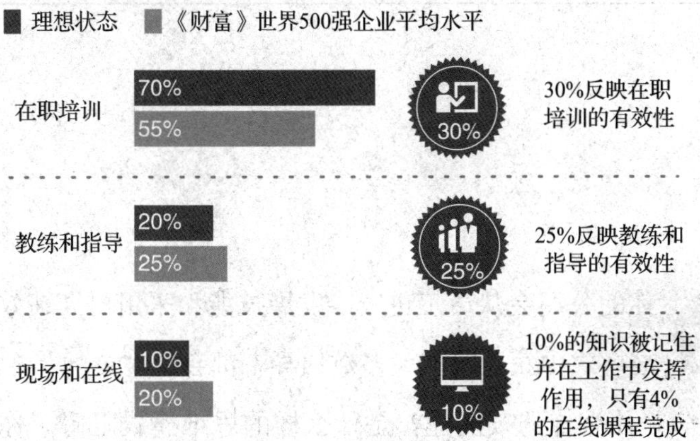

有什么好主意？
让人才培养个性化

你的公司会从员工进一步发展技能和采用更高绩效的思维模式中获益吗？大多数领导者都会说“会的”。那么，需要培养什么样的技能呢？是什么样的思维模式阻碍了你获得更好的绩效表现呢？这样的问题通常会让领导者犹豫不决。

在一家公司里，我们让领导者们估计他们在保护他人的“自我”上花了多少时间。例如，让别人觉得“我的想法也是你的”，或者注意不要踩在别人的地盘上。大多数人认为有20%～30%的时间。然后我们问员工会花多少时间保护他们的“自我”，大多数人沉默。同样的现象也解释了为什么每个人都认为自己的团队信任度很低，但每个团队成员却都认为自己是值得信赖的，或者为什么在自称官僚的组织中，你很难找到一个人认为自己是官僚。这是怎么回事呢？心理学解释了这种机制，这是一种非常可预测、非常人性化的“自私偏见”的结果。这就是为什么88%的司机认为自己是道路上最安全的前50%的司机，这也是为什么25%的学生把自己评为与他人相处能力最高的 1%，这也是为什么当夫妻被要求估计他们对家庭的贡献时，两人相加的总和通常超过 100%。当然，这些在统计上都是不可能的，但这表明了在许多与行为相关的领域，我们人类始终抱有一种毫无根据的乐观态度，认为自己比实际上的更好。

这一机制的含义是，在任何学习过程中，最重要的第一步是洞察一个领导者能改变什么和应该改变什么（他们会学到一些以前不知道的关于自己的事情）。只有采取了这一步，学习之旅才能继续下一步，做出明确的选择去学习和成长，在一个充满挑战和支持的环境中，将新的知识、技能或态度付诸实践，并最终通过成为他人的教练来嵌入学习。

通常情况下，可以使用 360 度反馈技术（通过调查、对话或两者兼而有之）对所需要的变化进行深入洞察。注意，这里我们不是在讨论针对胜任力模型的一般性反馈，我们讨论的是对技能或态度的特殊反馈，以推动业绩的提升。根据正在开发的学习计划的性质，也可以由熟练的培训师来触发洞察力，从而使第三方通过日常工作、情景模拟和日程分析所做的观察激发个人的反思（你说自己以客户为中心，但你只花了 5% 的时间来回顾与客户相关的数据，与客户或面向客户的员工会面）。

当整个组织中，员工的发展计划变得个性化时，一种更深层次的制度思维就产生了——“我的工作是永远变得更好” vs “我的工作是尽我最大的努力”。前者导致持续增长，后者最终导致停滞，而选择权在你……

由个人洞察力触发的四个发展阶段

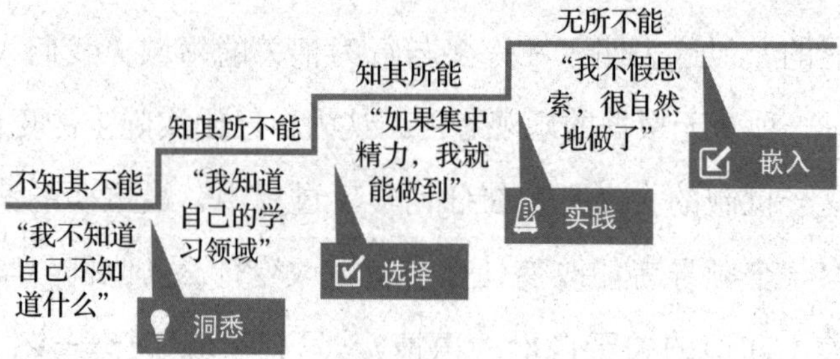

有什么好主意？

专注于优势和弹性目标

个性化并不意味着让每个人都承认他们是问题的一部分——事实上，让他们看到自己的优势如何能创造出一个勇敢的新现实，会更有说服力。

看看威斯康星大学对两支保龄球队的研究。首先，他们双方参加比赛并将比赛过程拍摄下来。比赛结束后，一支队伍收到的一段视频里只有他们的失误：他们要观察自己的落沟球，分析哪里出了问题，并决定如何解决问题；另一支队伍收到的视频里只有他们的成功：他们要研究自己的好球，并思考自己如何获得更多的好球。然后两支队伍又开始比赛。研究人员发现，每支队伍都有提高——这证明观看比赛录像是一个好主意！然而，他们也发现，那些研究自己成功的队伍比另一支队伍成绩提升了两倍。

这是为什么呢？对人类来说，过于关注错误会招致责备、疲劳和抗拒。而关注什么是正确的，并探寻如何做得更好，则会激发一种共同工作的愿望、灵感和动力。在工作中进行的研究支持了这一点——使用基于优势的方法来培养的员工，其生产率提高了 12.5%（流动率要低 14.9%）。麦肯锡公司和亿康先达（Egon Zehnder）联合进行的一项研究进一步证明了这一点。该研究考察了“尖头”领导者（那些在一份简短的能力清单中表现突出、在其他方面表现一般或有缺陷的领导者）与“全面”领导者（大多数能力都很好，没有缺陷）在组织绩效方面的差异。结果表明，“尖头”领导者在表现最好的那 25% 的人群中的数量是在表现第二好的 25% 的人群中的两倍。相比于填补缺陷，发挥领导优势，通过才能培养让他们成为“尖峰”将会得到丰厚的回报。

专注于优势的秘诀是增加挑战目标。当一个人已经很擅长某件事的时候，他们并不总能意识到自己可以做得更好。20 世纪 60 年代，美国总统约翰 · 肯尼迪的挑战目标是在 10 年期内将人类送上月球，这一目标开发了多少才能？难怪当被要求回顾自己的职业生涯并找出是什么帮助他们释放了潜力时，71% 的人报告说是挑战任务。俗话说，“如果它不能对你有所挑战，那它就无法让你有所改变”，这话显然是对的。

我们并不是说优势是万能的——当然，如果过分强调优势，那它就会变成弱点，而有些弱点则是阿喀琉斯之踵。此外，弹性目标也会带来一些问题，可能会让人失去动力，导致不受欢迎的冒险行为，甚至是不道德的行为。然而，如果做得很好，那么培养人才的方式就是要求员工建立自己的优势，以实现有弹性的目标，这是一个成功的组合——无论是在保龄球领域还是在商业领域！

利用优势和弹性的方法

巩固优势的方法

- 创造机会去使用优势
- 让员工向他人传授自己的优势
- 用相关技能或角色与现有优势相补充
- 在新环境中运用优势

建立新优势的方法

- 故意让员工处于面临挑战的状态
- 招募同伴挑战并促进冒险
- 利用团队和小组互相学习
- 制造关键时刻来测试新技能

使用基于优势的方法来培养的员工，其生产率提高了12.5%，流动率要低14.9%

如何实现？

遵循 5 步法则来培养你所需要的人才

以一家领先的制药公司为例。面对重磅药物的主要专利到期，加上不断上升的定价压力和更具挑战性的医疗环境，CEO 和高管团队决定重新审视他们的商业战略。经过全面评估后，团队得出结论，他们需要退出某些业务，同时在其他更专业的新领域大举扩张。但问题是，该公司现有的人才库与执行新战略所需的人才不匹配。在讨论是改变新战略还是投资开发战略所需的人才时，团队一致同意后者。

1. 抱负

鉴于新战略的实施，人才发展对公司未来的成败至关重要，因此公司组成一个全职团队致力于这项工作。公司一位冉冉升起的新星最近领导了他们最成功的业务板块，他被选中带领团队完成为期两年的任务。团队的第一项任务是全面规划出在未来 3～5 年内执行战略的核心能力（需求观点），并对公司的规划有清晰认识（供应观点）。

在两个月的时间里，团队对成功所需要的整体能力有了清晰的认识：拥有在他们所选择的专业护理业务领域的关键技术能力以及一系列领导能力。除了这种“自上而下”的分析之外，该团队还与 20 个国家的高管团队举办了“自下而上”的研讨会，对他们的建议进行压力测试，并确保他们充分了解每个主要国家的人才发展需求和风险价值。最后，他们缩小了人才发展的范围，将重点放在具体的技术技能（包括目标治疗领域更深入的医疗技能，以及着力发展他们的数字和现实取证能力），以及领导转型变革的管理能力上。随后，他们就这些建议与 CEO 和高级利益相关者进行了详细的讨论和辩论。

抱负
我们想去哪里?

战略展望：明确未来3~5年你的商业战略对人才发展的影响

供求规划：制定一个3~5年的基于场景的预测，预测你最有价值的人才和需求数量，以及如何通过培训和开发来实现

聚焦ROI：与业务负责人合作，确定公司正在寻求改进的绩效指标

高层领导协调：获得高层团队的支持以预测领导力的需求、期望的能力和对业务的价值

2. 评估

在每个目标能力领域，这个团队查看了顶级公司以及他们自己的卓越领域，以开发一个“黄金标准”，该标准定义了所需的技能和需要建立的理念、需要加强能力（目标、决策权、审

查、结果）的管理系统，以及使能力得以建立和产生影响的工具和技术。然后，该团队使用焦点小组、访谈、结构化观察和绩效评估相结合的方法，根据这一黄金标准评估了公司当前的状况。该团队还评估了公司目前能力建设方法的效率和效能，考察了课堂培训、在线项目、教练和指导、在职发展、拓展任务和轮岗机会的质量及影响力。虽然有很多局部优势，但他们也发现了一些重要的差距：课堂培训与大多数日常工作没有明显联系；缺乏持续的反馈和指导值得关注；此外，公司没能打造出将多种元素混合在一起的学习之旅并将其清晰地与绩效结果联系起来。

评估
我们准备好了吗?

可验证的基准：使用基准了解你的人才优势及差距（数量和质量），并确定你最大的发展需求

项目评估：了解你的发展情况，评估课堂和在线培训指导、辅导和岗位培养的质量

强化机制的质量：评估你的绩效管理、职业发展、反馈和教练式辅导的过程

3. 构建

这个团队现在已经准备好设计所需的学习内容和方法。对于每个目标能力，他们将相关内容和学习专家集合在一起，创建了为期 9 个月的学习旅程，其中包括面对面学习和在线课程、指导和反馈，以及直接将所学知识应用于公司最重要的

战略举措的“实地工作”。在一个关键的治疗领域——神经科学领域的实地工作，涉及了深化技术和社交技巧，从而使得一种用以吸引关键意见领袖的新的战略方法得以实施。变革领导力课程包含了许多要素，包括培养开发和管理改进计划组合的技能，同时确保其相关的文化有助于执行而不是阻碍执行。

除了具体的课程设计之外，团队还制订了一个计划来培养所需的讲师，以确保在规定的时间内开发出足够的参与者。采用“培训培训者”的方式，由一组经过挑选的参与者来扩充核心的专家讲师，这些人最终将组成讲师团。该团队还定义了选拔标准，确定了参加该项目的候选人，并开展了一项系统的沟通和参与活动——由 CEO 亲自牵头——这与上述举措的战略逻辑是一致的，从而给整个企业带来了兴奋感和参与度。最后，项目参与者的上级经理正式保证参与，设定期望并确保经理们的支持。

构建
我们需要做什么才能达成?

目标参与者：定义选择标准，使用多个输入源（不仅是高层团队的观点）选择初始团队

商业案例和逻辑：交流商业案例、选择标准以及期望的影响来建立支持和认同

高层设计：汇集业务、技术和行为专家来设计所需学习计划的构建模块

4. 行动

对于每一个正在构建的能力，最初都始于一个试点项目，之后详细的资料和方法才被重新定义和完成。这些项目随后根据计划扩大规模。高层和各所在国家负责人的早期参与和支持使得该项目得以顺利实施——在很大程度上是因为他们认为该项目将帮助他们加速交付商业成果。与此同时，试点的参与者通过向其他人推荐项目，为项目创造了吸引力；他们感到自豪和荣幸，因为他们参与了一种新的能力构建方式，同时创造了巨大的商业价值。

在进行试点的同时，对公司的绩效管理和其他人才管理流程进行了调整，以整合并加强正在发展的变革领导能力和专业技能。从员工的招聘和入职方式，到他们如何被评价和奖励，每一项都有助于确保那些优先考虑的能力自给自足。有两项特别的创新涉及创建技术专家发展通道，并在有前途的领导者接受挑战性任务时，将“变革领导计划”作为“一揽子计划”的一部分提供给他们。

行动
我们如何管理过程?

具体实施方式：深化学习体验，直接与改进“日常工作”的业务成果相挂钩，并决定内部培训人员/外部供应商

经理培训：确保经理意识到并致力于他们在发展中所扮演的角色，同时得到必要的支持

正式机制：重新设计绩效和人才管理流程，以加强优势和弹性

引人注目的故事：沟通业务案例、选择标准和期望的影响，以获得广泛的支持

5. 提升

对效果进行三个层次的跟踪。第一，在每次干预后进行参与者调查和定性反馈。第二，根据 360 度反馈和能力评估的变化来评价参与者在技术和领导力以及行为方面的改善。第三，随着时间的推移，由每个项目产生的财务结果是孤立的。基于这些测量数据，这个项目随着时间的推移不断进行重新调整。令他们高兴的是，该公司发现，曾经有大约 30% 的目标参与者群体经历了学习过程，语言、概念和工具开始成为“文化的一部分”，传播速度远远快于项目参与本身。这样，在实施的最后阶段，项目被缩短了，并且增加了更高级的内容。

另一个意想不到的结果是，在项目接近尾声时，该公司意识到它给自己带来了一个新问题：它现在被业内人士视为其目标领域人才的“学院”。因此，竞争对手开始试图挖走经历过学习项目的顶尖人才。为了解决这一问题，一些机制建立起来，包括加强关键职位员工的价值定位，利用预测分析来检测和处理潜在离职人员的早期预警等。

提升
我们如何不断前进?

影响监控：采取与其他措施相同的严格程度来测量ROI，并根据需要进行调整

良性循环：利用“毕业生”来培养下一批未来的领导者，并将期望的领导能力嵌入等级制度和招募过程中

保留机制：将开发的员工作为稀缺资产加以保护，并使用预测分析、跟踪机制和顶级团队的支持来留住他们

三年过后，该公司一直在执行自己的战略，得益于其密集的人才开发效应，员工是其影响力的加速器，而不是抑制剂。业务方面的成绩令人印象深刻：该公司的营收增长速度是行业平均水平的两倍，利润增长强劲。至于“人才学院”的挑战，CEO 总结了他的观点，对他的团队说：“这是一个头等问题！”

人才培养

概览

为什么重要？

- 你无法买到足够多的人才，所以必须自己构建。
- 大多数公司都在努力把人才发展做好。
- 随着技术衰减得越来越快，公司需要在人才发展上做得更多。

有什么好主意？

- 超越教室和计算机。
- 让人才培养个性化。
- 专注于优势和弹性目标。

如何实现？

- 遵循 5 步法则来培养你所需要的人才。

在每个步骤中，最容易被忽略的动作：

抱负：专注于实现战略所需的能力。

评估：了解当前方法的有效性。

构建：让业务领导（不仅仅是 HR）参与设计。

行动：确保参与者的经理发挥作用。

提升：把学习与保留机制相连接。

第3章

如何管理绩效以释放所有的潜力

3

绩效管理
一个永恒的主题

假设你是一个有雄心壮志的政治家，并正在考虑竞选首相（prime minister）。你在公共服务方面有丰富的经验可以借鉴，但你想要更多地了解首相这个角色以及如何成功。你开始在网上浏览，阅读各种可供购买的文本摘要。其中有一本特别吸引你，它明确谈到了 prime minister 的角色，详细描述了如何界定部门、如何在部门之间分配职责以及如何创建使不同部门员工之间工作保持联系的流程。它还详细描述了如何通过晋升、薪酬和认可来奖励绩效，以及在事情不顺利时如何使用罚款、免职和训斥。“太棒了。”你对自己说。然后你看了看标题——《周朝的官员》，并意识到它写于公元前！嗯，或许这不是最好的开始……

虽然中国周朝的一份 3000 年前的手稿在上面的场景中可能并不适合我们的需要，但它的存在证明了绩效管理长期以来一直是组织管理的重要组成部分。我们所说的绩效管理，是指根据公司目标设定个人绩效期望的过程，是对达成期望而进行的支持、鼓励、评估和奖励，并管理相应的结果。

现代绩效管理的历史可以追溯到工业革命时期。19 世纪初，苏格兰的棉纺厂首次采用了基于能力的评分系统。每个员工的工作台上挂满了不同颜色的木质立方体，显示其不同的品质。随着绩效的改变，其对应的立方体也发生了改变。到 20 世纪 60 年代初，据估计超过 60% 的美国组织拥有某种既定的绩效管理系统，到 80 年代，几乎所有的大公司都有某种正式的绩效程序。

在过去的 30 年里，实践已经发展成在回顾过去和前瞻未来之间取得更好的平衡，并以更完整的机制来提升财务激励的效用。这一时期也见证了用以区分绩效的、耗时的强制排序方法的兴起以及衰落。这些方法的目标是提高员工追求卓越的积极性，但最终的结果却恰恰相反，因此通用电气和微软等标志性企业已经放弃了这些做法。

今天，像“绩效管理的终结”这样的新闻标题会让你相信，尽管经历了 3000 年的发展，但这种做法可能会终止。我们不同意这种说法，让我们来解释一下原因……

绩效管理是将公司目标与个人绩效预期联系起来，并对绩效结果进行激励的过程

为什么重要?
做得好，绩效管理会带来结果

为什么绩效管理很重要？美国大学橄榄球教练米克 · 德莱尼（Mick Delany）用他独特的方式总结道："任何一个企业或行业，如果对其中游手好闲的员工（表现不佳）和工作卖力的员工（潜力巨大）给予同样的回报，迟早会发现前者比后者多。"这是一个强有力的论据，但实际上，有更多的理由说明你的组织应该具有良好的绩效管理。

管理大师彼得 · 德鲁克被称作现代绩效管理之父。在他 1954 年出版的《管理的实践》一书中，他普及了他称为"目标管理"（MBO）的过程。MBO 首先以协作方式将公司的战略转变为逐级分解的目标，并回答员工的问题"我应该实现的目标是什么，为什么"。然后，会根据期望的结果衡量进展情况，回答员工的问题"我做得怎么样"。通过制定预期的结果而不是制定达到目的的具体细节，它使员工能够充分发挥他们的创造力和个人能力。此外，它还提供了工具和指导，帮助员工更快地取得更好、更可持续的成果，从而回答员工的问题"我如何才能提高”。最后，它提供了回报和认可，并根据相关目标的成果来进行公平的奖惩，回答了员工的问题“这对我来说意味着什么”。总的来说，这个过程是为了创造一个公平、透明的“因果”结果，从而与每个员工在执行企业战略时所扮演的角色相称。

在这个层面上，不难看出为什么众多受人尊敬的公司，如惠普、杜邦和英特尔，都采用并调整了德鲁克的模型。此外，研究人员发现，当领导者对这类绩效管理做出很高的承诺时，他们的效率平均提升 56%，而承诺低的平均只提升 6%。我们在研究中发现，使用责任管理而进入前 25% 的公司，其利润可能是中位值的 1.9 倍。

显然，这些商业案例对良好的绩效管理是强有力的支持。94% 的领导者在接受调查时认为这是影响企业业绩的一个重要驱动因素。这些基本的东西并不是很难的事——事实上，当被问及如何执行一项战略时，大多数领导者会背诵一个与上面描述的四个要素非常相似的公式。那么，为什么 2015 年 CEO 们将“改善我们的绩效管理流程”列为他们最重要的人力资本战略呢？想要知道答案，你就要继续读下去……

剖析一个运作良好的绩效管理流程及其带来的好处

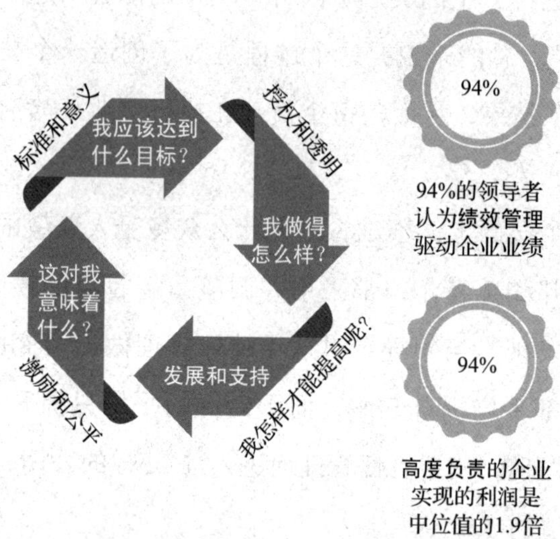

为什么重要？
大多数公司的做法都行不通

最近的一幅呆伯特（Dilbert）卡通画（斯科特·亚当斯的连环漫画，以幽默的方式描绘了工作场所的管理不善）以头发尖尖的老板对一众工程师的陈述开始，“每个公司都需要目标。我们有事业部目标、部门目标、地区目标、个人目标和下属目标。你们将参加一个 4 小时的关于如何写目标的培训。每周你们都要报告你们工作的进展，并与你们的目标进行比较。这些目标将被输入一个巨大的数据库……”呆伯特，正是其中一个工程师，他打断了发言并问道，“数据库的庞大和复杂程度难道不会让我们无法知道到底发生了什么吗？”那个头发尖尖的老板面无表情地说：“是的，所以你的加薪基于你的长相。”

这种对办公室生活的讽刺描绘揭示了当代绩效管理的悲剧。这不再是德鲁克所谓的“管理的实践”，而是典型的人力资源管理的复杂官僚程序。结果呢？在大多数公司，这样做并没有提高绩效。如果要说带来了什么，那就是降低了绩效。

我们怎么知道？因为只有 29% 的员工报告说，目前的方法有效地支持了业务目标的实现，73% 的员工报告说，他们没有看到实践中把工作焦点从文书工作转移到沟通会话上，只有 8% 的员工认为，他们的经理有能力确保评估的公平、公正。然而，最能说明问题的是，89% 的员工认为，如果公司的绩效管理方式发生改变，他们的表现将显著改善。

当然，这一切都不是有意为之，多种因素使得这种情况成为现实。公司的庞大规模促使人们本着公平的精神采用一种同质化的方法，创造了多种指标和权重，并在这个庞杂过程中花费了大量的时间。矩阵式组织的出现，旨在获取规模经济和能力，使追踪因果关系变得更加困难，不仅要度量和管理结果，还要衡量诸如态度、行为和潜力等主要指标，这种日益增长的愿望进一步提高了度量的标准，削弱了过程中每一个度量标准的重要性。技术的进步使得大量的数据得以被储存和访问，增加了输入的官僚性和输出的复杂性，并导致人们无暇思考“为什么”。最后，越来越多的争论群体导致过多的文件需求，并围绕每年一次的薪酬调整与持续的对话来组织流程。

我们看到的呆伯特卡通画很有趣。但考虑到当今绩效管理方法的成本，对于一家拥有 1 万名员工的公司来说，估计每年花在这上面的费用达到 3500 万美元，现实实在是太令人沮丧了。幸运的是，故事还没有结束……

实践中对绩效管理的认知

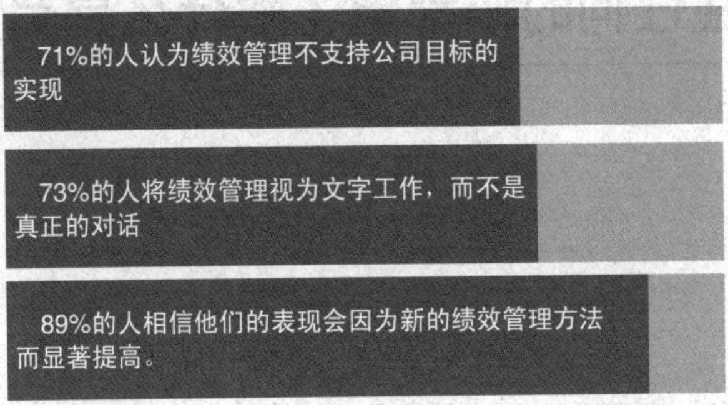

“是的，每个人都讨厌绩效回顾。”
——《华尔街日报》

“哇！我对今天的绩效评价感到很兴奋……”
——没人这样说过

为什么重要？
比以往任何时候都更了解什么是有用的

你一直盯着一张皮沙发想买来放在起居室，但全价要花费 3000 美元。买一个沙发要花这么多钱？！你决定还用原来的。与此同时，你正在和汽车经销商谈判购买一辆新的家庭汽车。这辆车本身价值 4 万美元，但他们说会额外配置真皮座椅，通常按半价都要多花 6000 美元。成交！

为什么我们乐于在购买打折商品时花一大笔钱，却不愿花一样多的钱购买全价商品？大多数人把办公室的铅笔带回去让孩子在学校使用，而在听到有人用零花钱给孩子买学习用品时感到震惊。为什么？答案来自于认知心理学——作为人类，我们的思维模式是可预测的，并不遵守我们通常以为的“理性”规则，“即可预测的非理性”。

这对绩效管理很重要，因为在 20 世纪 50 年代，当彼得 · 德鲁克写关于 MBO 的文章时，心理学的主流分支是行为学——你所处的环境，尤其是对行为的奖励和惩罚，驱动着你选择的行为。认知心理学直到 20 世纪 60 年代末才崭露头角，它超越了刺激和反应的范畴，研究了构成我们决策基础的心理过程，揭示了人类的行为并不总是理性的。这一发现极大地改变了经济学理论，创立了行为经济学这一分支，对绩效管理进行提升的时机成熟了。

举个例子，与年终奖金相比，小的、意想不到的奖励对激励的影响更大。内在动机（意义、自主性、掌控力）比外在动机（金钱或情感上的奖励和惩罚）更能提高绩效——实际上，当外在动机增强时，绩效会降低。此外，我们在本书的其他部分讨论了一些发现，例如员工在过程中的参与如何不成比例地对结果产生了更多承诺（参见第 9 章），关注优势如何比克服缺点创造出了更多的能量和热情（参见第 2 章），以及如果员工觉得过程不公平，比他们觉得结果不公平时更感到灰心（我们将在本章后面讨论）。

这些发现解释了丹 · 平克（Dan Pink）在他的畅销书《驱动力》中的一句名言，胡萝卜和大棒是 20 世纪的东西。对此我们只是部分同意。在我们看来，最基本的东西从来没有中断过——只是在数十年的时间里偏离了。秘诀不在于放弃行为主义者的方法（那些宣称绩效管理被我们终结的人推动了这种方法），而在于用从认知角度出发的技术来强化它们。就像太极的阴阳一样，看似相反的方法可以相互强化，充分释放员工潜在的动力。

财务激励和非财务激励的有效性

受访者回答
“非常有效”的百分比

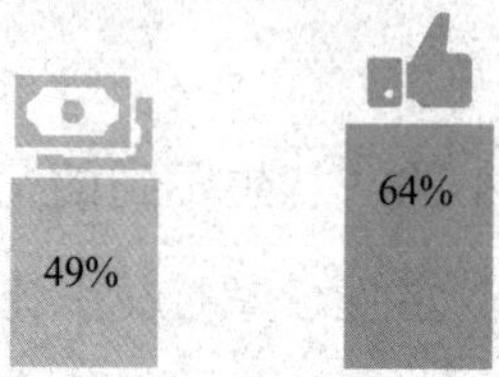

财务激励措施
（给予现金奖励，
提升基本工资，
分配股票期权）

非财务激励措施
（表扬、关注、
获得进一步影响
的机会）

“人类天生具有自主、自决和相互连接的内在驱动力。当这种动力得到解放，人们就能获得更多，过上更富裕的生活。”

——丹 · 平克，《驱动力》

有什么好主意?

使公司和员工的动机协调一致

西方社会父母养育子女的历史对绩效管理很有启发性。在 20 世纪的大部分时间里，以成人为中心的育儿方式是常态。这种方法类似于传统的绩效管理，它认为父母就应该对自己的孩子行使合法权利：设定目标，引导和指导孩子的发展，管理结果以改善行为。在这种情形下长大的孩子，有许多人发现自己进入成年后会感到怨恨、缺乏自信和自尊，而且常常陷入没有激情的生活道路。所以他们反击了。

后来进入以孩子为中心的育儿时代，孩子们不再是要被塑造的黏土块，而可以自由地参与到他们自己的发展和学习中。父母应该是“身边的向导”，而不是“舞台上的圣人”。这样一来，孩子们在成长过程中就会有强烈的个性、创造力和目标意识，从而充分发挥他们的潜能。不幸的是，结果并没有达到预期，许多孩子最终变得自恋、自以为是，缺乏坚持和应对困难的能力。

与此相似的是，像钟摆一样，绩效管理从以雇主为中心的方式摇摆到以员工为中心的方式。充满善意的企业领导和人力资源专家，现在正把绩效管理转变为没有绩效排名，没有同事比较，只有无焦虑的持续发展对话，以激发并维护员工的激情。我们担心，这些领导者和他们的员工，会像上面例子中摇摆变化的父母和孩子们一样以失望而告终。

我们主张公司同时解决公司和员工的目标。目标的设定应该考虑到职业抱负和热情（以员工为中心），但他们也需要推进公司的优先业务战略（以雇主为中心）。个人的优势应该得到认可和发展，并为实现目标提供支持（以员工为中心），但技能构建应该是更广泛的组织能力建设的一部分，并应该加强公司价值和文化（以雇主为中心）。奖励应该是公平的、有意义的，并包括塑造一个人的职业道路的潜力（以员工为中心），但激励必须反映业绩和成效，留住高绩效员工，而不是让低绩效员工破坏结果或阻碍那些更有才华的员工的职业发展（以雇主为中心）。

许多公司将以员工为中心的理念纳入其绩效管理体系中进行变革，当然这种变革仍处于早期阶段，只有时间才能证明我们的“育儿理论”是否正确。与此同时，我们相信那些追求“中间道路”的人不会失望。

公司和员工动机的例子，以及平衡两者带来的回报

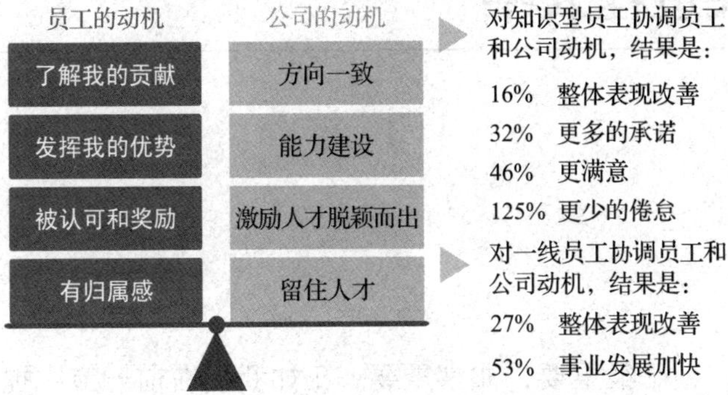

有什么好主意?

解决过程公平

公平很重要，非常重要。正如我们在前一节中提到的，公平不仅仅关于结果，还涉及达到目标的过程。

为了解释我们的想法，想想所谓的“最后通牒游戏”：玩家 A 得到一笔钱，假设为 10 美元。玩家 A 要与玩家 B 分享这笔资金，并可以自由决定如何分配。玩家 B 可以接受或拒绝玩家 A 的出价，如果接受，双方都可以保留约定的份额。如果玩家 B 不同意，没人能得到钱。如果钱是平分的，玩家 B 百分之百地会接受这种提议。但如果玩家 A 把 7.5 美元留给自己，只给玩家 B 2.5 美元呢？在这种情况下，超过 95% 的概率这一提议会被拒绝。为了惩罚玩家 A 的不公平，玩家 B 放弃了赚钱的机会。这也不仅仅是金额小的问题，同样的机制在金额相当于两周工资的情况下也得到了证实。

对于那些为公司创造了不成比例价值的高绩效员工来说，获得高于平均水平或高于低绩效员工的奖励是否公平？大多数人会说公平。对于那些聪明、勤奋、善良的员工来说，那些懒惰、苛刻、做出错误决策的员工却得不到应有的惩罚，这样是否公平？大多数人会说不公平。这种思维方式导致了绩效管理中强制排名的增强。在杰克·韦尔奇（Jack Welch）执掌通用电气的 20 多年时间里，通用电气一直处于领先地位（在此期间，通用电气的收入增长了 28 倍），它要求部分员工（通常遵循正态分布）按照特定的绩效分类进行排名，例如“顶级”“良好”“一般”“差”“不合格”。奖励和惩罚与一个人的排名是相对应的。此外，超过一半的《财富》世界 500 强企业采用了这种方法。

虽然从表面看，强制排名似乎是公平的，但在实践中却恰恰相反。排名被看作是领导者在员工自我推销行为的推动下进行的政治活动。员工会避免承担风险，创造力被压制，个人的生存先于协作和公司的成功。正因为如此，包括奥多比（Adobe）、埃森哲（Accenture）、盖璞（GAP）、美敦力（Medtronic）、德勤（Deloitte）和通用电气在内的约 10% 的《财富》世界 500 强企业都公开表示放弃这种做法，有些公司甚至完全放弃了绩效排名。

这让我们担心，过不了几年，就会回到一开始的状态，促使排名的上升。我们相信人们并不反对被评价，事实上，他们也想知道自己所处的位置，他们只是希望过程公平。他们想要的是一种没有偏差的、精确区分的过程，既要向前看，也要向后看。这个过程要比一年一次的频率高得多（但还不至于造成反馈疲劳)，过程中要包含诚实的、双向的对话，这种对话不仅基于老板的观点，还基于更多的数据和信息，不仅考虑所取得的工作成果，还要考虑奖励和惩罚如何与绩效挂钩。

说起来容易，做起来难……但一旦说过，做起来就容易多了！

公平的绩效管理过程的重要特征

- 精确区分，没有偏差
- 向前看和向后看
- 持续反馈而不产生疲劳
- 诚恳的双向对话
- 各种输入信息（数据、客户/同事观点等）
- 结果（什么）和行为（怎么样）两者都被评价
- 与绩效相关的奖励/惩罚

有什么好主意？

把技能放在首位，而不是系统和数据

2002 年 5 月 20 日午夜钟声敲响时，东帝汶在联合国驻留三年之后成为一个完全独立的国家。中国是第一个与其建立外交关系的国家，中国承诺向其提供 1600 万美元的重建援助。虽然这种援助和其他的一些援助肯定得到了很好的使用，但当本书作者之一、热爱旅行的斯科特大约 5 年后访问这个国家时，他听到了一个不同的故事。他的导游告诉他，自从这个新国家诞生以来，政策落地的实际情况并不好，主要是由于糟糕的交通基础设施。那天晚些时候，他们来到了一片空地，上面堆满了推土机、压路机、颚式破碎机和各种用于筑路的重型建筑设备。田地里杂草丛生，设备生锈，一些当地的孩子把这里当成了一个巨大的黄色操场。“这都是什么？”斯科特问道。“中国捐赠的设备。”“出什么问题了？”他的导游回答说：“没有，但是没有人培训我们如何使用它们。”

如今与许多人力资源专业人士谈论他们所在组织中的绩效管理，他们通常不仅会分享一种以员工为中心的观点（这种观点不倾向于评级)，而且满是花哨的技术。他们会说，新的人力资源管理（HRM）软件使事情变得更加精确和简单，并带来了更好的决策和反馈。社交和移动识别工具使得反馈更精确、更频繁、更有激励性，对来自可佩戴技术的数据进行的预测分析将揭示如何完成工作以及辅导工作，等等。

科技毫无疑问会带来积极的变化，但我们建议领导者将他们大部分的注意力集中在技能上，而不是系统和数据，否则我们担心东帝汶式的技术投资在落地过程中收效甚微的结果会重现。举个例子，要想让领导者善于帮助员工设定激励员工的高难度目标，开展双向绩效对话以确定优势并帮助员工了解如何利用这些优势克服劣势、提高绩效，以及明白如何用最有效的方式来调整信息和结果以最大化激励的效果，并不需要太多科技手段。

擅长这些事情的领导者可能已经在做了，而那些不擅长这些事情的人不会因为一个新系统而改变。最新的研究显示，没有实行绩效排名的新运营公司，绩效谈话的质量下降了14%，管理者平均少花10个小时进行非正式的绩效谈话，表现最好的员工对薪酬差异的满意度下降了8%，整体员工敬业度下降了6%。这些负面影响都与管理者的不适应以及缺乏在没有辅助工具的情况下开展工作的技能有关（例如，如果不能证明绩效评价的合理性，并对创建这个排名体系理解的话，许多人不知道该谈些什么）。

有效管理绩效所需的能力示例

如何实现？
遵循 5 步法则来采取正确的做法

一家欧洲保险公司的领导者对他们强大的市场领导能力、健康的财务表现、备受尊敬的品牌和深入的客户关注感觉很棒。因此，当他们发现在一项员工调查中员工的积极性得分，尤其是中低层管理，排在后四分之一时，感到很震惊。深入挖掘数据，他们发现问题集中在绩效管理过程上。特别是，绩效与奖励 / 惩罚之间的评价和联系似乎被打破了。高级管理团队担心，如果这种情况继续下去，那么他们感觉良好的一切可能很快就会消失，因此他们开始努力改变绩效管理过程。

1. 抱负

CEO 和高管团队的第一件事是全面统一整体目标，以及完成工作的指导原则。为了促进决策，一个工作组汇集了一系列高级别的选择，供高管团队讨论。对于每一个选择，公司当前在每个维度上的位置都清楚地标出，包括其他同业公司选择了什么，以及相对的权衡是什么。当开始讨论的时候，在总体目标上保持一致是相对明确的：大家都同意，这不仅仅是为了解决调查中发现的痛点，更是为了确保绩效管理过程能够释放商业利益，并使其吸引和留住有才华的员工。他们还同意，行政管理负担必须保持在最低限度。

然而，对这些原则的具体研究则引发了更多的争论。过去的表现和未来的发展应该分别给予多少权重？如何使用挑战目标（如果有的话）和基础目标？应该使用绩效排名吗？如果使用的话，在绩效排名中应该强制多少不同的等级？非财务的奖励和认可与财务奖励相比应该扮演什么角色？谁应该主导审核过程，经理还是员工？流程的信息来源应该多广泛？绩效管理谈话的频率应该怎样，其与年度薪酬决策的关系是什么？所有这些问题都要充分讨论，并最终做出决定——这为工作组下一阶段的工作提供了明确的方向。

抱负
我们想去哪里?

战略目标：根据期望和业务需求明确定义绩效框架的关键目标

设计选择：解决战略和设计、目标设定、绩效评估和结果管理中的关键问题

领导力模型：将以上所有的领导力内涵提炼成领导者明确的期望

2. 评估

工作组随后根据高级别原则做出了决定，并对当前的状

况进行了更深入的研究——除了正在发生的事情之外，还对需要改变的领域进行了研究。一份对过去3年绩效评级的闭合审查报告显示，在该公司的5分评级表中，95%的经理被评为“高于平均水平”，而“低于平均水平”的评级实际上从未被使用过。究其原因，工作组发现，这种友好、平易近人的“家庭”文化带给人们的自豪感，让领导者觉得低评级违背了公司的价值观——每个人都有自己的贡献（解雇一个绩效表现不佳的人是闻所未闻的）。更重要的是，那些被评为平均评级的人很难进入其他领域，所以给下属这样的评级，本质上就是让自己永远与低绩效表现的人共事。工作组很快意识到，任何改变都不能只是过程的形式，还需要包括管理者心态和能力的重大转变，去激励员工，通过绩效谈话进行指导和发展，并愿意根据绩效区分和应用实际结果（正面和负面）。

高管团队审查了这些调查结果，他们自己也必须面对这样一个事实，即反馈不仅来自组织中的中层管理者，也来自他们的直接下属——为了改变现状，他们必须改变。在进入下一阶段之前，高管团队进行了一次非常公开的讨论，关于他们怎样避免进行艰难的谈话，他们担心这些对话可能会不可挽回地破坏关系。他们也第一次承认，他们其实并不真正知道真正的绩效谈话是什么样子的，尽管他们谈论了很多关于开放和直接的文化有多重要的话题，但他们做得远远不够。

评估
我们准备好了吗?

过程诊断： 根据标杆和最佳实践案例，分析过程的效率和有效性
反馈回顾： 对绩效评估进行闭合审查，以确定当前方法的优缺点
变革准备： 确定当前的心态和技能与期望的心态和技能之间的差距

3. 构建

有了上述准备，工作组开始详细设计新方法，包括所有的能力建设和变革管理，这将使其在实践中发挥作用。通过来自所有主要业务单位的重要投入和来自公司不同层级的代表参与的多个工作会议，工作组确定了一个由四部分组成的模型。第一部分，回答“我需要达到什么目标”，根据自己的优势来设定基础目标和挑战目标。第二部分，“我做得怎么样”，定期评估团队和个人表现。第三部分，“我怎样才能提高”，对短期和长期的改进机会进行优先级排序。第四部分，“这对我意味着什么”，将会对员工问责，并确保对表现好的和不好的员工给予真正的、差异化的奖励。

这个流程的每一步都伴随着一套工具、能力建设模块，以及对有益和有害理念的描述。例如，在第一步中，作为流程的一部分，为领导者配备了工具，以明确 5～7 个绩效指标（之前每个经理有二三十个指标，这使得每个指标在很大程度上都没什么意义)，并且其与公司总体业务目标有着明确的联系。能力建设模块的创建是为了教会领导者如何识别优势，并利用它

们来设定艰难但可行的挑战目标。现有的这种“我需要了解细节，否则我就会失去控制”的思维模式被另一种更有用的思维模式替代，即“我赋予团队的权力越多，他们就越有可能表现出色”，并且有证据支持这种思维模式的有效性。

构建
我们需要做什么才能达成?

详细的流程设计：列出四个部分从头到尾的流程，测试其简单性和清晰性

利益相关者参与：制订利益相关者的参与计划，并明确如何在愿景和新流程设计的基础上将利益相关者带入正轨

思维模式和能力：制订具体的计划，转向所需要的思维模式和行为

4. 行动

这种新方法一经设计，就在两个领域进行了试验。第一个试验，高管团队参与了一系列的工作坊，在那里他们模拟了一整年的绩效周期，以充分理解和提高在新体系中的技能。作为流程的一部分，角色扮演好的与不好的绩效谈话，并把领导者从他们的舒适区推出去，以实践新的绩效谈话应该是什么样子。在全年的各个关键节点，领导者们将新方法应用到他们的团队中，然后他们针对什么有效、什么无效提供反馈。高层团队的角色扮演向整个公司发出了一个强有力的信号，以至于故事很快就传开了，甚至连新系统都还没有正式推出，事情就已经发生了变化。

第二个试验是在人力资源领域进行的，认为 HR 团队需要

为全面铺开提供支持，因此需要提前提高技能。最后，在一系列不同地区和业务单元中对流程的各个部分进行了规模缩小的试点，以进行完善，并确保它们能转化为各种文化语境。

行动
我们如何管理过程？

测试、学习、调整规模：在受控的环境中试点，提炼学习，调整方法和规模

以业务为主导的治理：确保由业务主导的机构来执行，并由具有明确决策权的机构进行监督

沟通：确保期望是清晰的，过程是透明的，能够得到反馈

5. 提升

每次试验结束后，人力资源部门都会对经理和直接下属进行调查，以评估结果，并从中汲取经验教训。财务部门更密切地关注业绩趋势。CEO 非正式地向关键领导者寻求第一手反馈，并在领导峰会和其他高曝光度的场合中分享了他个人的激情。在试点期结束时，新方法经过一些改进，被认为对员工和企业是一种双赢，因此它被推广到整个组织，以经历下一个完整的绩效周期，同时由人力资源部门进行指导推广。在推广过程中，工作评估被用来衡量执行的成功与否。与此同时，公司也在所有员工流程中加入了所需的新技能和思维模式，例如招聘面试、简历扫描，以及招聘计划、入职培训和在职培训等。重要的是，流程设计要确保对管理者的评估明确考虑了他们如何管理团队的绩效，以及他们如何训练下属的领导者做同样的

事情。

提升
我们如何不断前进？

影响监控：密切关注绩效的变化，以及什么可以、什么不可以归因于新流程

确保参与度：定期评估经理和员工在运行新系统方面的经验

制度化：连接到绩效文化的所有方面，包括招聘、入职和人才管理

在最初的员工调查开始实施两年后，高管团队很高兴地看到，调查结果显示，员工的动机得分全面上升，尤其是绩效管理，从一个绩效的抑制因素变成了值得骄傲的方面，帮助他们提供更好的业绩结果。一个特别积极的、令人意想不到的发现是，从在5分制中给每个人的打分都一样，到在3分制中确保真正的差异化，几乎所有人都认为这是向前迈进的一大步。即便是那些最终总体得分较低的人也表示，他们更愿意知道自己的真实处境，进行诚实的绩效面谈，而不愿意完全不了解实际情况。在调查措施之外，工作组还注意到，自愿离职（“遗憾离职”）目前处于历史低点，最重要的是，企业业绩比以往任何时候都要好。

绩效管理

概览

为什么重要?

- 做得好，绩效管理会带来结果。
- 大多数公司的做法都行不通。
- 比以往任何时候都更了解什么是有用的。

有什么好主意?

- 使公司和员工的动机协调一致。
- 解决过程公平。
- 把技能放在首位，而不是系统和数据。

如何实现?

- 遵循 5 步法则来采取正确的做法。

在每个步骤中，最容易被忽略的动作：

抱负：在所有维度上做出明确的设计选择。

评估：了解当前状态的优缺点。

构建：包括心态和能力的干预。

行动：让业务领导者负责执行。

提升：根据业务结果判断流程成功与否。

第 4 章

如何创建一个高绩效的领导团队

4

高绩效团队
一个永恒的主题

团队合作的起源可以追溯到人类出现的初期。在一个充满敌意的捕食者的世界里，早期的人类很快就认识到，如果他们一起工作，会比单独工作更能满足安全、食物和保护幼仔的原始需求。随着我们的进化，我们的团队合作变得更加老练——不仅仅是让更多的人向可怕的生物扔石头，而是要利用团队中与生俱来的各种技能，无论是智力、想象力、体能还是其他天赋。

在现代社会中，人们相互合作从而达到 1+1=3 的效果，这在我们生活的各个方面都可以看到。在体育方面，像 1998 年法国世界杯冠军球队（在锦标赛中不败，以 15 比 2 的比分击败对手，并在决赛中以一边倒的比分淘汰了巴西）和 1992 年美国男子篮球奥运“梦之队”（在通往金牌的道路上以平均 44 分的优势赢得每场比赛），在这样的赛事里表明，高水平的天才运动员队伍是如何主宰比赛的。

在音乐方面，罗杰斯（Rodgers）和汉默斯坦（Hammerstein)(《音乐之声》《南太平洋》《国王与我》等音乐剧的作者，第 34 届托尼奖获得者）和 20 世纪 60 年代的英国摇滚乐队披头士（历史上最畅销的乐队，全球销量超过 6 亿张，其团队的魔力和影响力从未被其成员的个人努力所超越）等展示了伟大的团队合作所能产生的深远创造力。在科学领域，将人类送上月球并结束第二次世界大战的不仅仅是才能，还有伟大的团队合作。即使在漫画书的世界里，团队合作的美德也得到了《正义联盟》《复仇者联盟》和《神奇四侠》等漫画的推崇。

当然，在商界也是如此。无论是亨利 · 福特（Henry Ford)、克拉伦斯 · 艾弗里（Clarence Avery)、彼得 · 马丁（Peter Martin）和查尔斯 · 索伦森（Charles Sorenson)(他们共同设计了装配线，努力将效率和可靠性引入汽车生产的各个方面)、沃尔特 · 迪斯尼（Walt Disney)、乌布 · 伊沃克斯（Ub Iwerks)、罗伊 · 迪斯尼（Roy Disney)，以及九名被称为“九大元老”（Nine Old Men）的动画师（他们创造了卡通史上最令人难忘、最赚钱的角色，比如米老鼠、灰姑娘和白雪公主等)，还是谷歌的谢尔盖 · 布林（Sergey Brin)、拉里 · 佩奇（Larry Page)、埃里克 · 施密特（Eric Schmidt）和奥米德 · 科尔德斯塔尼（Omid Kordestani)(他们创建了世界上最受欢迎的网站)，他们的事迹都表明高绩效的高层团队可能会对行业和历史产生深远影响。

本着这些伟大成就的精神，我们将一个高绩效的团队定义为：通过共同努力，以充分利用其成员互补的才能和技能，实现共同目标，从而取得卓越成果的团队。亨利 · 福特以简洁而富有洞察力的俏皮话闻名，他总结道，“走到一起是一个开始，团结就是进步，合作就是成功。”“你的团队是一个高绩效团队吗？”继续往下读，你会发现如何确定这个问题的答案，以及如何确保你的团队是高绩效团队！

高绩效团队通过共享一个共同的目标和充分利用互补的人才来实现卓越的结果

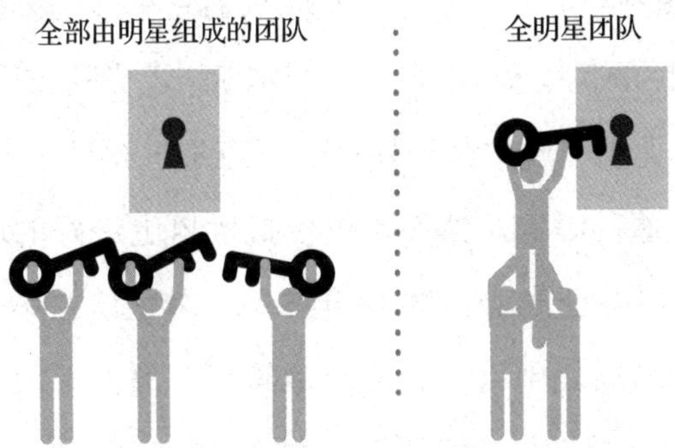

为什么重要？

团队合作胜过天才（但两者都有是最好的）

1992 年美国奥运男子篮球队的名单读起来就像是体育史上最伟大球员的名单：查尔斯·巴克利、拉里·伯德、帕特里克·尤因、魔术师约翰逊、迈克尔·乔丹、卡尔·马龙、斯科蒂·皮蓬，等等。然而，仅仅把世界上最好的球员聚集在一起还不足以保证成功。1992 年 6 月，梦之队在第一个月的训练中，在一场混战中以 8 分之差输给了一群大学球员。用迈克尔·乔丹的话来说，“我们今天被杀死了……我们太不同步了……我们一点连贯性都没有。”斯科蒂·皮蓬更直白地说，“我们不知道彼此如何合作。”这场失利让球员们清醒地意识到，要取得胜利需要的不仅仅是一支众星云集的球队，还需要他们是一支全明星球队。于是他们做了相应的调整，剩下的就是历史了。正如我们之前提到的，梦之队——如他们所获得的赞誉，主宰了比赛——在每场比赛中得分都超过了 100 分，并轻松地将金牌收入囊中。

最近的一个证明团队合作的力量胜过天才的例子是 2016 年德国国家足球队赢得世界杯冠军——他们成为第一支在美洲举办的世界杯上夺冠的欧洲球队。正如评论员索伦·弗兰克（Søren Frank）在《世界足球谈》这个节目上所说的，“德国的胜利是团队努力的结果。从某种意义上看，德国队没有一个队员是明星。可从另一个角度看，他们全都是明星。11 个德国人表现得比梅西加 10 个阿根廷人还要好……德国队是由勒夫（教练）组建的，他让他们各司其职成为一个团队，像一个团队一样防守，像一个团队一样进攻。”

在商业领域同样如此。这就是为什么投资初创企业的精明投资者往往更看重团队的质量和创始成员之间互动的质量，超过对项目创意本身的重视。这也是为什么管理团队的质量是最重要的非财务因素，90% 的投资者在评估新上市（IPO）公司时都是如此。这也是为什么当高层团队团结一致，共同朝着一个愿景努力时，财务业绩高于中值的可能性会提高 1.9 倍。社会心理学进一步支持这样一个假设，即在企业成功至关重要的领域中，团队合作要胜过个人才能。例如，美国心理协会（APA）报告说，“在解决复杂的问题时，3 人或 3 人以上的小组比同等人数的个体表现更好。”

领英（LinkedIn）的联合创始人里德·霍夫曼（Reid Hoffman）总结道：“不管你的想法或策略多么高明，如果你在玩单人游戏，你总是会输给一个团队。”迈克尔·乔丹一语道破："天才赢得比赛，团队合作和智慧赢得冠军。"

团队效率对绩效的影响

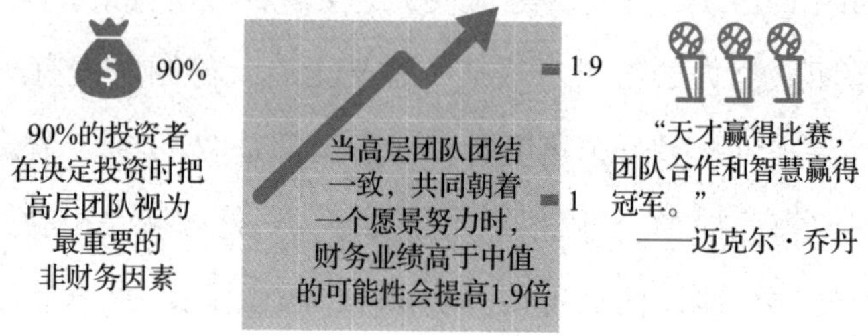

为什么重要?
很少有团队能成就伟大

毫无疑问，良好的团队合作是困难的，尤其是在高层。为什么？这样的团队充满了主动的、固执己见的领导者，他们代表着不同的观点，在他们的职能、产品、业务部门或地域。他们都在争夺影响力和有限的资源分配，许多人还经常为了下一次晋升而相互竞争，这就要求他们坚持独特的观点，并将自己的表现与他人区分开来。因此，团队成员会关注自己的背后力量并暗中角力，即使在会议中他们呈现出一种和气的、“为了团队”的面孔。

或许这些还不够具有挑战性，肯文·史密斯（Kenwyn Smith）博士和大卫·伯格（David Berg）博士等研究团队动力学的大师指出，团体工作充满了天然的、不可避免的、无法解决的悖论。一个悖论的典型例子如下：“下一个陈述是正确的”和“上一个陈述是错误的”。这两种说法都非常准确，但它们合在一起就形成了一种自我参照的矛盾。在群体生活中，悖论无处不在：有服从群体的压力，还有群体的力量借力其成员的个性（身份悖论）；参与团队的动机与被移除的能力成正比（参与悖论）；掌权者的工作是创造让他人强大的条件（权威悖论）等。

难怪只有 6% 的人力资源高管报告说，他们的核心高管层是一个整合良好的团队。此外，只有 38% 的高管认为他们的高层团队有正确的战略，35% 的人认为他们有效地利用了协同效应，28% 的人认为他们知道自己的集体差距，并有计划处理它们。更重要的是，高管团队自己也报告说，他们目前的效率不足 60%。然而，团队的领导者通常并不完全了解这个事实——平均来说，他们相信团队的工作效率大约是他们全部潜力的 80%。

如果你曾遇到以下情况，请举手：曾经身处一个很难达成一致的团队中；或者在做出决定后，领导者没有采取一致行动，并向员工发出相互矛盾的信息；或者团队因表现不佳而责备他人（“要是他们做到了就好了”——这里的他们通常指的是较低的层级）；或者为了维护和谐的关系而回避棘手的问题；或者处理这些棘手问题时会演变成人身攻击；或者团队时间花在状态更新上，几乎没有时间进行讨论，因此很大程度上被视为浪费时间。我们很自信地认为我们所有的读者在这一点上都会举手。

管理思想家理查德 · 海克曼（Richard Hackman）曾经说过：“我毫不怀疑团队能够创造奇迹，我只是不指望他们能做到。”作为一个领导者，你也不应该抱有太多指望。

高管团队对其团队成员的看法

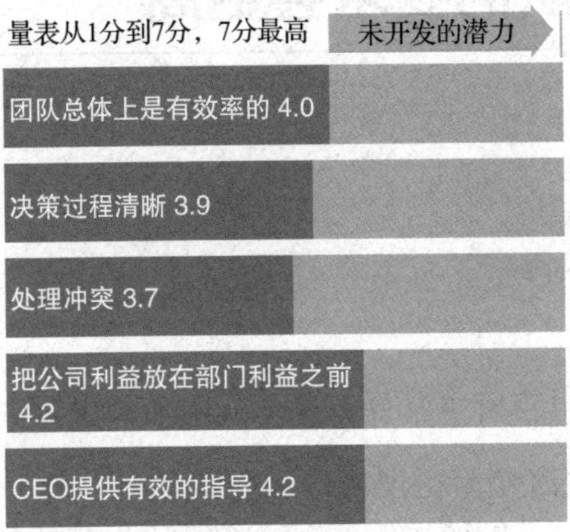

平均而言，CEO在所有维度上都比团队高1.5分

"我毫不怀疑团队能够创造奇迹，我只是不指望他们能做到。"

——理查德 · 海克曼，哈佛大学教授，《高效团队》合著者之一

为什么重要？
未来对高层团队的要求会更高

在过去的 50 年里，对于领导力已经从更加等级森严和独裁的控制形式演变为更加协作和授权的形式这一观点，商界几乎没有争论过。反过来，这又导致了高层团队合作的重要性不断上升，以促进整个公司的表现好于各部门总和。但未来会怎样，对顶级团队的要求会因此发生怎样的变化呢？

当我们看向未来时，发现数字时代将彻底改变工作场所的概念以及工作的方式。随着使用虚拟手段实现协作，工作可以远程完成，传统的办公室可能会过时。因此，人才争夺战将在真正的全球范围内展开。传统的公司界限将变得更加模糊：从事自由职业的人才来了又走，合作伙伴的数量将激增，有些合作伙伴甚至会扩大到包括客户甚至竞争对手，从而解决问题，并开辟新的增长机会。技术将解决许多操作问题，但随着自动化和算法变得商品化，信息变得更加难以保障，人的智慧、判断和创造力将成为最重要的差异化因素。道德、伦理和环境问题将成为赢得市场的必要条件，从而进一步加强人的因素的重要性。

在这种情况下，如果高管团队想让自己的公司处于领先地位，他们无疑必须以快速、无缝的吸收和退出成员的方式获取他们的独特技能和有利时机所带来的全部价值。他们需要利用分散在北京到巴塞罗那到波士顿的团队成员的集体智慧，他们需要从系统的角度来解决问题，以便在开放、动态的环境中实现价值最大化。

CEO 们已经感受到了压力：59% 的人表示，他们面临着比过去 3 年更多的公司增长的威胁；56% 的受访者认为，未来 3 年他们有可能在新行业展开竞争；51% 的受访者将在未来 12 个月内建立新的联盟或合资企业。在这种背景下，史蒂夫 · 塔平（Steve Tappin）为了撰写《 CEO 的秘密》一书，采访了 150 多名 CEO，他发现，“可能有三分之二的 CEO 在苦苦挣扎……成为 CEO 一直都很艰难，现代商业的全球化意味着，运营一家公司变得越来越复杂……当他们私下谈论时，大约 90% 的人都在努力平衡工作与生活……现在唯一的出路是组建一个更强大的团队……一个真正紧密的团队，肩负着创建一家卓越公司的使命。”

领导力专家约翰 · 麦克斯韦尔（John Maxwell）曾经说过：“团队合作让梦想成真，但当领导者有一个大梦想和一个糟糕的团队时，愿景就变成了噩梦。”这些话明天听起来会比今天更加真实。现在我们来看看实现梦想的伟大想法是什么。

高层团队面临越来越多的挑战

高级管理人员认为他们的高层团队/公司：

- 与过去3年相比，面临更多公司增长的威胁（59%）
- 未来3年有可能在新行业展开竞争（56%）
- 将面临日益激烈的跨行业竞争（56%）
- 将在未来12个月内建立新的联盟或合资企业（51%）

认为管理团队效率是一个重大挑战的公司比例从2015年的58%上升到2016年的63%。

——《人力资源杂志》

“三分之二的CEO在苦苦挣扎……现在唯一的出路是组建一个更强大的团队……”

——史蒂夫·塔平，《CEO的秘密》

有什么好主意？

从三个维度推动和衡量进展

已经有很多关于高绩效团队的文章，而领导者到底真正记得和使用了多少？大部分读者都读过帕特里克·伦西尼（Patrick Lencioni）的《团队协作的五大障碍》，你能列举出这五大障碍吗？如何克服它们？你还记得麦肯锡前合伙人约翰·卡岑巴赫（John Katzenbach）的《团队的智慧》吗？你还记得一个工作组和高绩效团队之间的区别吗？

根据我们的经验，领导者最适合用一个简单、高度直观的框架来思考团队，这个框架只涉及三个维度，这是通过个人经验得出的最好、最令人难忘的发现。要在职业生涯中考虑团队合作：你认为什么是“巅峰体验”，即你能在其中发挥出个人最佳水平的团队环境？现在，基于这一点，想想那些描述当时环境的词语：是什么让你处于巅峰状态？在过去 10 年中，我们与 5000 多名高管在研讨会上进行了这项练习，结果非常一致。

第一组词语可以归类为一致的方向，例如，“清晰的目标”“里程碑”“获取资源”和“赞助”。第二组则属于互动质量的范畴：“建设性冲突”“良好沟通”“信任”“正确技能”和“多样性观点”。最后一组包括“有意义”“学习”“迎难而上”和“从未做过”等与强烈的更新意识相关的词语。这个练习揭示了团队合作的三个基本方面。

方向一致：共同的目标和关于业务的假设，以及关于实现这些目标的团队共同的信念。

互动：在一个高度信任、开放交流和建设性冲突的环境中，正确的技能和洞察相互结合（对那些熟悉谷歌的“亚里士多德项目”的读者来说，这些是创造心理安全的标准）。

更新意识：在这样一个环境中，经过计算的风险是可以承担的，外部的想法是可以听取和学习的，实现结果是非常有意义的——正在做的工作很重要。

当我们问领导者，在这种环境下工作的效率比在“一般”工作环境下高多少时，这种练习就显得尤为有效。因为回答普遍是 5 倍以上——这是我们的研究和经验得出的结论。当你的高管团队一起工作时，这样的情况多久出现一次？如果你不知道，你应该询问一下，然后采取措施获得更多。数字是很明确的，如果你的团队进入这个区间，哪怕是增加相对较低的 20 个百分点的时间，由于成员的功效会提高 5 倍，你的团队的工作效率也将会翻倍！

顶级团队绩效的三个维度：方向一致、互动和更新意识

方向一致	互动	更新意识

我们对身在何处以及如何领导本组织有共同的看法和承诺吗？	我们是否有高质量的互动来推动卓越的决策和执行？	我们是否有能力领导他人，向他人学习，塑造我们的外部环境？

"互动、方向一致和更新意识是相互依赖的。团队需要在这三个方面同时取得进展。"

——《麦肯锡季刊》

有什么好主意？
让团队专注于做只有它能做的工作

低绩效团队成员最常见的抱怨之一是“我们在会议上花了太多时间”。领导者的善意回应通常是调整团队的运营节奏，注意会议的务实，减少相关的差旅负担。然而，令领导人大为沮丧的是，这只会加剧问题。原因是，真正的问题不在于花费了多少时间，而在于如何花费时间。上述变化只是意味着，在更少的时间里，以更不有效的形式投入更多，这使得所花的时间比单个团队成员专注于在他们所领导的领域推动成果的“真正工作”更没有意义。数据证明了这一点：只有 38% 的 CEO 的直接下属认为，他们的高层团队专注于从高层团队角度来看真正受益的工作，只有 35% 的人认为，分配给重要主题的时间量是合适的。

那么，高层团队应该关注什么呢？当然，细节取决于这个团队的背景、策略和人员组成，但是有一些主题是只能由高层团队来讨论的，这其中包括：企业战略（重点、目标、并购）；资源的大规模配置；识别跨业务单元的协同效应和相互依赖；

确认对所有员工都有重大影响的决定；保证公司财务目标的实现；为公司主要项目提供指导；强化所需要的公司文化（包括个人和集体的角色塑造），并建立公司的领导班子力量（包括相互提供反馈）。团队不应该关注任何可以在单个功能或业务线中做得更好的主题。

与议程上的议题同样重要的是讨论这些议题的准则。根据我们的经验，高绩效的团队会确保讨论的任何信息项都在会议标准格式之外，并且对于所讨论的主题，至少有 80% 的时间用于讨论而不是看演示。其他重要的原则包括：相互之间要有一个“不推卸责任”的标准（公司里没有什么是高层团队不应该负责的）；将公司需要置于业务单位 / 职能部门的需要之前；在会议室外展现出“内阁团结”，并确保有足够的“团队专属”时间（没有外人在场），以便有足够的时间来分享其他保密观点；等等。如果公司领导或团队中的某个人不善于确保会议以“内容”（what）和“形式”（how）协同工作的方式进行，那么这种规范就很容易变成“纸上谈兵”。

高层领导不会要求他的团队成员安排他们自己的会议或预订他们自己的差旅行程——这些活动可以由其他人更好地完成，而且成本更低。领导者明智的做法是将同样的逻辑应用到他们的高层团队的运作方式上，让他们只专注于那些最有价值的领域。

做正确的事所面对的挑战，以及该怎么做

仅38%

只有38%的成员认为他们的团队专注于带来价值的主题

仅35%

只有35%的高层团队成员认为他们的团队在相关主题上分配了合适的时间量

高层团队一起讨论的主题

· 战略和权衡
· 企业资源分配
· 跨业务部门的协同效应
· 重要的人才决策
· 外部接触

不该由高层团队讨论的主题

· 业务单元级别的战略、资本配置、绩效评估和人才决策
· 详细的计划和报告
· 信息主题

有什么好主意？
不要让架构来决定团队

世界杯上每支足球队有多少球员？大多数人会说是 11 人，但实际上每支球队注册了 23 人。奥运会上的每支排球队有多少人？许多人会说 6 人，但答案是 12 人。你们公司的高层团队都有谁？哈佛大学教授鲁思·瓦格曼（Ruth Wagerman）和她的同事们向全球 120 多个顶尖团队的成员提出了这个问题，发现只有不到 10% 的人意见一致。而在有一致意见的情况下，那些密切合作的团队通常被认为是高绩效团队。

当然，这就引出了一个问题：谁应该成为领导团队中的一员？为了回答这个问题，领导者们应该注意到，研究表明团队成员超过 10 人会降低效率。随着规模的扩大，这种机制往往会导致子团队的形成，每个人对于团队目标的投入更少，而且要求每个人参与投入的时间是不可控的（这不仅会造成更少的激烈争论，而且会提高形成群体无意识思维的可能性）。此外，领导者也应该警惕创建少于 6 人的团队。低于这一人数，观点会缺乏多样性，从而降低决策的质量，公司整体的发展思路来源就会成为瓶颈，继任计划问题也会变得更加尖锐（以有限的资源、过度竞争和相关政治的形式）。

将团队规模限制在6到10人之间，许多CEO将面临一个困境——他们现在不可能将所有的直接下属都纳入进来。准确地说，我们的观点是，不应该想当然地认为，在高层团队中"头衔就意味着成员身份"。相反，领导者应该基于精确的知识、能力、经验，以及不同的观点和态度，来完成只有高层团队才能完成的工作。这种思路对许多CEO来说并不容易，因为这意味着他们不能过于包容，不能被非团队成员的明星员工挟持，也不能避免情绪上的激烈对话（例如，从团队中移除一些人）。对于一些CEO来说，这意味着要转向多团队模式：运营委员会负责处理近期业绩问题，战略委员会负责推动长期增长和创新问题，人力资源委员会负责处理团队和人才相关问题。一些领导者会参与所有这些问题，而另一些领导者可能只参与其中一个问题。

一旦团队（或多个团队）的配置确定下来，领导者明智的做法是在评价团队的整体表现之前，先让团队经历一个完整周期。研究表明，崭新事物不利于效能（比如对商业航空公司飞行员的研究显示，他们的数据库中有73%的事故发生在机组人员配合的第一天，即在他们学会与团队合作之前）。团队融合过程可以通过一段"现场和论坛"的历程来加速，促使真正团队合作的形成（而不是在团队建设活动中经常使用的"信任背摔"

类型的练习)，以及在会议间隙构建的结构化的行动和反思周期——这将带领我们创建一个高绩效的领导团队。

高层团队的最佳规模以及原因

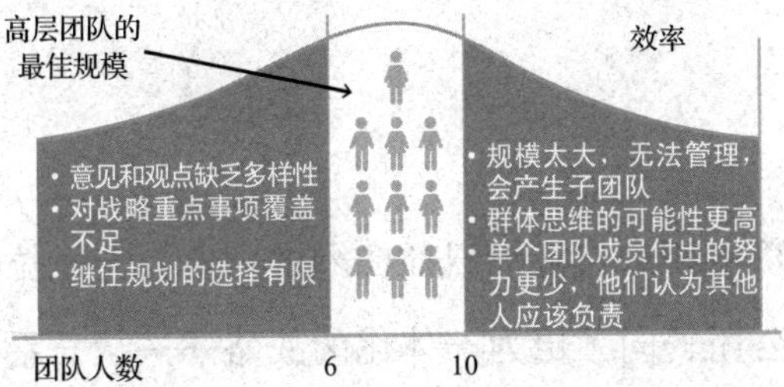

"拥有一个庞大的高级领导团队，比如说，一个包含CEO所有直接下属的团队可能比没有团队更糟糕。"
——理查德·哈克曼（Richard Hackman），哈佛大学教授，《高效团队》合著者

如何实现?
遵循 5 步法则来构建你的团队

面对滞涨的价格和来自亚洲日益激烈的竞争，一家拉美金属和矿业公司转向了更为一体化的战略——从一系列独立的业务单元演化为一个完全矩阵化的组织。该公司雄心勃勃、事业有成的 CEO 意识到，要想让这种新战略和新结构发挥作用，他需要在高层建立一种不同的动力。在过去，他的执行委员会会议主要是信息交流活动；他的高层团队成员不遗余力地专注于实现他们自己部门的业绩，而没有为整个团队考虑太多。展望未来，他的执行委员会需要成为一个真正的团队，真正优化业绩，并在整个团队中做出权衡。

1. 抱负

这位 CEO 首先检视了他的团队组成，思考前 30 位领导人员在“技能 / 意愿”矩阵上的位置。一个坐标轴是他认为在团队中拥有的对于未来成功很重要的技能。这包括“硬”技能，如商业敏锐性、分析解决问题的能力和在其所担任岗位上的技术能力。此外，还包括“软”技能，比如领导变革能力、情商和人际关系建设能力等。在另一个坐标轴上，也就是“意愿”轴上，他考虑了一些因素，比如以同样的方式看待公司面临的挑战和机遇的程度、对企业成功的归属感和责任感、对树立新文化榜样的渴望，以及坚持不懈克服障碍的毅力和能量。

这个练习在许多方面都能有所启发。首先，他没有充分认识到将一些明显阻碍团队发展的成员移除的重要性。他的两个直接下属必须离开。其次，在他的团队中有四名领导潜力很大，他需要找到一种方法来提升他们的形象和责任意识。最后，他看到了在行动中领导大规模变革的能力方面存在明显的差距，而要担任这一角色，他需要将目光投向公司外部。他迅速采取行动，尽可能多地将自己亲手挑选的执行委员会成员安排到位。他要求他的人力资源负责人等大多数人到位后尽快在公司外组织一场以团队效率为主题的会议。

抱负
我们想去哪里?

战略必要性：确定团队在实施战略时需要具备的能力和技能

团队授权：明确高层团队和业务单位之间的界限

互补性：绘制团队成员地图，以确定他们是否在技能、经验、思维方式和人际网等方面具有互补性

团队参数：决定谁是正式的团队成员

2. 评估

六周后，当团队成员聚在一起时，大多数人都期待着能够进行一些关于性格类型和团队建设的练习，比如绳索课程或一起组装自行车等，这些都是他们过去经历过的。然而，他们要激烈地讨论团队在执行商业战略时将扮演的角色——无论是作为一个整体还是作为个人。人力资源部已经为会议的成功做好了准备，提前与每位成员进行了交谈，并进行了一次预调查，因此有了翔实的数据，可以集中讨论最重要的领域。

首要任务是确保新战略的一致性。结果发现，当被问及企业实施战略的前五个优先级是什么时，八个人的团队一共提出了 30 多个优先级。接下来，他们一起工作，讨论如何针对优先事项开展执行，以及团队在提升绩效方面扮演的角色。这次会议让每个人对团队的成员都有了更全面的了解，并且清楚地了解了什么是团队的职责，而什么不是。

在公司外开会前，人力资源团队还根据执行业务战略所需的关键利益相关者（内部和外部），绘制了每个人的专业网络。共享这些数据导致了一场激烈的讨论并且明确了谁将在需要的网络中联系哪些人。然后，团队就有可能阻碍他们达成一致意见的思维模式和行为进行了一次坦诚的对话，并致力于制定一套规范。

评估
我们准备好了吗?

团队基线：根据你的高层团队在方向一致、互动和更新意识的效率方面建立一个强大的事实基础

网络范围：确定团队网络的总体广度和深度

思维模式：了解什么样的思维模式转变能让团队获得更高的组织绩效

共同语言：就高绩效团队在目标、优先事项、规范等方面达成一致

3. 构建

会议结束后，CEO 对团队取得的成绩感到满意，但他知道，仅一次外部会议是不够的。在与人力资源专家和效率专家的讨论中，他们精心设计了一个整体进程。关键要素是季度性的、由专业人员协助的公司外会议，这些会议包括行动会议（执行业务的实际工作）和反思会议（反思工作是如何完成的，并决定如何改进）。此外，也会利用用餐时间，以便更深入地了解对方并加强团队信任。每个月的现场业务评审会议将由团队中的效率专家主持，他的角色是团队的“良心”，以确保团队履行他们所做的承诺。

此外，公司还决定为两名团队成员提供一对一的培训，因为在工作会议期间，他们对公司和团队的期望明显落后于团队。最后，公司还提供了一系列让个体合作的新机会。这包括为团队成员创建一些“不太可能的配对”，作为企业计划的发起人（相比于个人作为发起人），举办全员沟通大会与 CEO 专场活

动，让执行委员会成员更广泛地就企业议题进行沟通。

构建
我们需要做什么才能达成?

现场和论坛设计：决定领导团队会议的数量、频率和结构
快速取胜：在现有的互动中构建小的胜利和象征性的行动，让团队体验新的合作方式
指导方法：决定团队和团队成员的辅导课程的类型、频率和持续时间（如有需要）

4. 行动

每个月的团队指导和每个季度的工作会议都按计划进行，并且每次的工作会议都有一个外部的引导人，所有成员都认为这种安排很有意义，因为这使得每个人都能全身心地投入工作，并对在合理的时间范围内就各项议题达成共识抱有信心。其中一个让团队感到意外的会议是一次晚餐谈话，每个人都被要求分享一个他们童年的难忘故事。最终他们分享了很多故事，直到凌晨，他们以从未经历过的方式加深了彼此的联系，尽管许多人已经相互认识了很长时间。第二天，他们一致认为“这是多年来最好的一次谈话。”

后来，公司通过对个别成员及其报告的调查，就小组如何合作举行了一次实质性的“反思”会议，这是第二次公司外会议。好消息是，团队比以往任何时候都更像是“一个团队”。然而，同样明显的是，愤怒情绪正在积聚。主持人没有让他们回避原因——如果这些问题得不到解决，就会成为主要问题。

问题的核心是，“做对团队最有利的事情，即使这意味着‘放弃’某个人的部门”，事实证明说起来容易，做起来难，而新矩阵结构（决策权被稀释）加剧了紧张局势。

行动
我们如何管理过程？

团队论坛会议：在需要高层团队参与的主题会议上，通过真正的工作来练习新的工作方式

现场工作任务：确定企业范围内的业务机会，在这些机会中，高层团队可以实践合作方式并提升价值

360度反馈：利用360度反馈将个人和团队的发展交织在一起，确保每个团队成员都能与他人分享自己所学到的东西

5. 提升

随着时间的推移，团队采取了一些帮助他们自我调节的工作规范。其中一个是“黄牌”，上面印着双方同意的标准。每个人都拿着一个，当规则被违反的时候，把它拿出来，作为一种叫“暂停”的方式。一开始，团队担心这会变得很烦人，但很快他们就看到了符号的力量，它能触发每个人都摆脱一时的冲动，重新思考他们在如何合作方面达成的共识。在讨论过程中，他们还转向使用电子投票系统，以便能够有效掌控会议室里的节奏（用一名团队成员的话说，“它让我们所有人都能发言”），并避免群体思维。此外，还规定会议室里播放的 PPT 不能超过三页，这也确保了时间主要被用于讨论，而不是演示。

当企业因商品市场的变化而出现意外损失等问题时，CEO会将其作为一个团队问题来处理，而在过去，他会直接与该部门的负责人一起处理，然后将损失差额进行分割，并分配给其他业务部门。在共同解决这些问题的过程中，他们发现了更有创造性和更有效的解决办法，这些办法往往把挫折变成创新的催化剂。

提升
我们如何不断前进?

支持系统的一致性： 确保高层团队的支持结构和流程到位并正常工作

持续的指导和监控： 根据预期目标和基准继续监控其有效性，并引入偶尔的指导行为

继任计划： 定期审视下一代领导者，确保他们熟悉高层团队的角色和行为准则

第一年结束时，让每个人都感到特别自豪的是，“我相信团队的其他成员”这个问题得到了满分10分。团队取得了优异的成绩，并且把目光投向了如何在来年做得更好。根据360度个人反馈数据以及团队反馈，他们修改了角色陈述、规范，并提升了团队合作成为高绩效团队的承诺。

高绩效团队

概览

为什么重要?

- 团队合作胜过天才（但两者都有是最好的）。
- 很少有团队能成就伟大。
- 未来对高层团队的要求会更高。

有什么好主意?

- 从三个维度推动和衡量进展。
- 让团队专注于做只有它能做的工作。
- 不要让架构来决定团队。

如何实现?

- 遵循 5 步法则来构建你的团队。

  在每个步骤中，最容易被忽略的动作：

  抱负：对成功的定义和衡量标准达成一致。

  评估：解决技能、经验、思维的互补问题。

  构建：设计一个清晰的现场和论坛之旅。

  行动：利用周期性的个人和团队 360 度反馈。

  提升：定期审视下一代领导者。

第二部分

决策和计划

第 5 章

如何提升决策的质量和速度[㊀]

5

㊀ 感谢麦肯锡高级合伙人亚伦·德斯梅特（Aaron DeSmet）与我们共同撰写本章。

决策
一个永恒的主题

“有一天，爱丽丝走到岔路口，看到一只柴郡猫（Cheshire cat）坐在树上。‘我该走哪条路？’她问。‘这完全取决于你要到哪里去。’柴郡猫答道。‘我不知道要到哪里去，也不在乎。’爱丽丝说。‘那么，’猫说，‘你走哪条路都无所谓。’”

这个著名的决策建议来自英国数学家查尔斯·路特维奇·道奇森（Charles Lutwidge Dodgson）1865 年出版的经典儿童小说《爱丽丝梦游仙境》，他的笔名路易斯·卡罗尔（Lewis Carroll）更著名。柴郡猫给爱丽丝提供建议的现实世界版本可以追溯到中国的《易经》(使用看似随机的数字来预言占卜)、古希腊的德尔斐神谕（传达阿波罗神的预言）以及其他文明（如内脏、烟、梦等也被用于指导决策)。

今天，如果你寻求决策建议就得做好被淹没的准备，你会发现很多理性模型 [假设有最佳选择（如 SWOT 分析、帕累托最优、决策树、卜氏矩阵）]、有限理性模型（不可能囊括所有结果)、可预测的非理性模型 [如奇普（Chip）和丹·希斯（Dan

Heath）的 WARP 模型] 和大量决策制定程序模型（专制的、咨询的、团体的）。这样的模型太多了，事实上，现在要用决策模型来决定使用哪个模型。

考虑到一个成年人每天至少要做 35 000 个各种有意识的决定，那么对与决策有关的咨询意见的关注就是有意义的。当然这其中绝大多数的决策是简单且无关紧要的（例如是从上往下扣衬衫纽扣，还是从下往上扣），然而另一些则需要更多的思考，并且有更重要的意义和影响（例如如何安排时间），以及还有些可能改变生活（例如追求职业生涯）。

从个人转向组织，在一个拥有 50 000 名员工的公司（《财富》世界 500 强企业的均值），我们估算每天至少要做 4 亿个决策。阿尔贝 · 加缪（Albert Camus）著名的论断是"人生是你所有选择的总和"，我们认为在组织活动里，"成功是所有决策的总和"。与个人决策一样，这些决策可能很小，但累积起来间接影响很大，比如你的一线员工在与客户互动时所做的选择，或者重大的、实质性的决策本身，比如资本投资——何地、何时及如何进入市场——或者决定扩大或关闭一个业务。

是否有方法在组织中提高与实现业务目标相关的决策质量和速度呢？建议你继续读下去。

决策是从已有的选项中选择出一个的过程
在一个50 000人的组织中
每天要做出4亿个决策
成功是所有决策的总和

为什么重要？
决策质量关乎一家公司的成败

1975 年，你是世界上最成功且最具标志性企业的高层领导，你和你的 120 000 名员工主导着摄影产业的大众消费市场。你的商业模式很完美——出售相机（占有 85% 的美国市场份额），然后消费者一次又一次来购买胶卷以记录生活中的重要时刻（占 95% 的胶卷市场份额）。此外，你还拥有庞大的把胶卷冲洗成照片并放入相册的业务。你的价值主张概括在广告词中："你只需按下快门，剩下的交给我们。"

你正在看 24 岁的电气工程师史蒂夫 · 萨桑（Steve Sassan）进行演示，题目为"无胶片摄影"。你在见证世界上第一台百万像素数码相机的诞生，而你正好要决定如何处理史蒂夫的发明。如史蒂夫在演示里提到的，你想起了公司令人自豪的创新历史——公司发明了胶卷，最近还开创了即时照相领域。可是无胶卷摄影？谁会想在电子屏幕上看照片呢？更为重要的是，这将对你现有的商业模式产生何种影响？一旦投放市场就将扼杀掉"下金蛋的鹅"！决策时刻到了，所有的目光聚焦到你身上……你听到自己宣布它的商业价值，“它非常可爱，但是不要告诉任何人”，多么糟糕的决定。

就像许多读者已经猜到的，这就是发生在伊士曼柯达公司的真实故事——虽然已经发明了数码相机，却因担心自己以胶卷为基础的商业模式分崩离析而亲手埋葬了它。结果，柯达公司在数码时代落伍且一蹶不振。2012 年，当社交媒体让按快门变得比以前更流行的时候［去看看脸书（Facebook）、网络相册（Flickr）、照片墙（Instagram）等就知道］，柯达公司申请破产。现在，它有 6500 名员工。

伊士曼柯达公司并不是唯一对行业形势做出错误判断的公司。IBM 公司发明了个人电脑，但是无法想象没有了大型主机的未来，结果公司不得不在另一个 CEO 和管理团队的带领下进行重组。摩托罗拉公司发明了数字电话，但是不愿意舍弃为其贡献了大部分利润的寻呼机和模拟电话业务，因此在竞争中落伍。

如果没有强势地决定将原本无名的零部件在计算机内打造“Intel inside”品牌，那英特尔公司又会在何处？如果波音公司没有大胆决定投资超出自身净资产的 707 并导致企业、产业和文化的重塑，那波音公司又会在何处？如果郭士纳（Lou Gerstner）接任时没有停止正在进行的公司解体计划，那 IBM 公司又会在哪儿？这些都是好的决策，而且毫不夸张地说，是在问题中“成就”了企业的决策。

《哈佛商业评论》总结道："任何一项决定都有可能成为公司迈向倒闭的第一个决定。"——或者迈向成功，我们补充一点。

好决策和糟糕决策的案例

好决策的案例

英特尔公司
打造"Intel inside"品牌

波音公司
集公司之力打造707

糟糕决策的案例

美国在线
与时代华纳合并

柯达公司
决定放弃数码相机

"在任何层面上，做出正确决定都是一项至关重要的技能。需要明确地教给组织中的每一个人。"

——彼得 · 德鲁克，管理思想家

为什么重要?

糟糕的决策在蔓延

得克萨斯州科尔曼的哈维（Harvey）一家在门廊坐着乘凉，外面40摄氏度，走廊里很阴凉，每个人都非常舒服。这时，杰瑞·哈维（Jerry Harvey）的岳父说，“嘿，为什么我们不开车去阿比林（Abilene），在那儿的自助餐厅吃晚餐呢?”杰瑞心想，“这太疯狂了，我可不想在酷暑里开着1958年的别克车，去53英里[⊖]外的餐厅吃饭。”在他说出想法之前，他妻子说道，“好呀，听起来是个好主意。”然后，杰瑞闪烁其词，“好吧，我猜……可能妈妈想去呢。”他的岳母肯定地说，“我当然想去了。”

经过4个小时、106英里的旅程后，他们又回到了门廊，因为在酷暑天开着车窗（1958年的别克车没有空调），他们灰头土脸、全身都是汗水和尘土。正如杰瑞预料，食物极其难吃。他们刚坐下，杰瑞就挖苦道，“很棒的旅程，是不是?”没有人回应。最终他的岳母爆发了，“说实话，我并不喜欢，我宁愿待

⊖ 1英里=1609.344米。

在家里，是为了你们我才去的。”杰瑞反驳说，“我可没强迫你去，我在这里很开心，我只是想让你们高兴才出去的。”杰瑞的妻子说道，“我也只是想让你们开心。”杰瑞的岳父说，“我从来就没想去阿比林，我只是怕你们待在家里会无聊。”

这个故事出自杰瑞·哈维（Jerry B. Harvey）博士 1974 年的里程碑式的关于组织行为的著作《管理中的阿比林悖论和其他思考》，精彩阐释了集体决策的荒谬（在这种情况下，通常被称为“群体思维”）。这种失常决策在今天的大型组织中肯定不会发生，是这样吗？再想想。大多数员工不用花太多时间就能想出一个例子，比如某个高级别人士提到“我想知道是否……”然后催生出一系列的分析、深入研究，很快一个项目就诞生了，但是它本身并不会成长出任何结果。

无论是与阿比林悖论有关的动力学结果，还是可能存在的其他决策功能障碍，令人遗憾的事实是，只有 28% 的员工认为公司战略决策的质量总体上是好的。当然，有利的一面是，这对于专注于提高决策质量和速度的公司来说，意味着一个重大机遇。研究表明，这样的努力可以使决策速度提升 40%～50%，减少 10%～25% 的行政会议时间，且节约 5%～15% 的总体行政费用。最重要的是，他们的决策质量得到了 35%～40% 的大幅提升。

换句话说，如果成年人百米赛跑的平均速度提高 35%，他们就会比世界上跑得最快的人尤塞恩·博尔特（Usain Bolt）

跑得还要快。世界冠军，创造纪录，等同于金牌价值的决策将触手可及！

决策的提升潜力

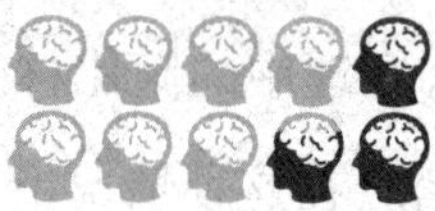

只有28%的员工
认为公司的战略
决策总体上是好的

决策提升努力的平均影响

40%~50% 决策速度提升

35%~40% 决策质量提升

30%~40% 决策执行提升

10%~25% 会议时间缩减

5%~15% 总体行政费用缩减

为什么重要？
它会影响你留住人才的能力

在我们做商业咨询顾问的职业生涯中，估计我们每个人都参加了超过 1.5 万次做出决定的会议。在其中的一些案例中，我们觉得已经见证了我们所认为的决策的辉煌，改变游戏规则的呼唤，充满了洞察力和远见。而另一些则没有那么引人注意。

作为顾问，尽管我们尽了最大的努力，但我们看到，团队纠缠在是否为外出会议供应早餐这个问题上的时间，比花在会议的实质性内容上的时间还要多；我们看到，关于收购目标的决定总是周而复始、悬而未决，而竞争对手却把被收购的标的一扫而空；我们看到，在处理前线问题上，高管们在不了解相关事实的情况下只是靠打电话，甚至从未走出公司办公室。对这些情况，我们必须实话实说，我们在离开会议室时的一个想法是，“真高兴没在那里工作！”

看看所有关于保留员工的研究，你会发现决策效率和参与度是关键驱动力。其中一项涵盖 18 个国家的研究表明，

"对企业业务决策的满意程度"在瑞士是留住员工的头号驱动力，这一因素在美国排名第二，在中国排名第四。员工保留的第二大驱动因素是"对组织的人员决策的满意度"。透过员工敬业度的视角，我们可以看到一个关于决策重要性的类似故事，但从另一个不同的角度，全球敬业度的第四大驱动力是"对我的部门决策的投入"，它远远领先于其他驱动力，比如，"具有挑战性的工作""职业晋升机会"和"与上司的良好关系"。

雅虎的故事是一个警诫，当他们挣扎着决定自己是一家科技公司还是媒体公司的时候，比他们成立晚四年的谷歌通过推出 Gmail、Google+、Android 操作系统，以及谷歌应用程序等超越了雅虎。《华尔街日报》2011 年的一篇文章《雅虎与人才流失做斗争》或许是对雅虎在留住人才方面面临的决策挑战的最好总结。

在这一点上，我们希望你能够坚定地同意我们的观点，即决策能够使一家公司要么成功要么失败，这是大多数公司都具有改进潜力的一个领域，而且决策是否做得好对留住人才有重大影响。

不要再问"为什么"，直接把关注点放在"是什么"上。

决策在哪些方面是留住人才的驱动力

美国

1. 有优秀的职业发展机会吗
2. **对组织的商业决策感到满意**
3. 与上司关系良好
4. 作为最佳工作场所的组织声誉
5. 能够平衡工作和个人生活

全球

1. 作为最佳工作场所的组织声誉
2. **对组织的商业决策感到满意**
3. 与上司关系良好
4. 了解组织中潜在的职业生涯轨迹
5. 能够平衡工作和个人生活

有什么好主意？

区分三种决策类型

关于决策有效性最著名的一个故事来自 C. 诺斯科特 · 帕金森（C. Northcote Parkinson）1958 年的著作《追求进步》（*The Pursuit of Progress*）。书中讲的是，一个财务委员会必须做出三个投资决策。首先，他们讨论的是 1000 万英镑投资核电站，这个决定在 2.5 分钟内通过。其次，他们决定自行车棚油漆的颜色（总成本约 350 英镑），经过 45 分钟的讨论，他们做出了决定。最后，讨论为员工购买一台新的咖啡机，大约需要花费 21 英镑，委员会在 1 小时 15 分钟的讨论后，决定推迟到下一次会议再做决定。帕金森将这种现象称为“琐事法则”（也称为“自行车棚效应”），即组织过分关注琐碎问题和细节的倾向（这种现象，正如我们前面提到的，我们在董事会会议室里经常看到）。

“琐事法则”是影响决策速度和质量的诸多障碍之一。避免这种功能障碍的第一步是区分三种决策类型。

A 类：对企业产生广泛影响的**不常见、高风险的决策**（例如大型并购、投资新技术、聘用新 CEO)。这些决策要求严格的决策流程，确保收集到正确数据，进行公开的对话和辩论，尽可能最大限度地听取所有利益相关方的意见并达成共识。这种类型的决策通常发生在关键阶段，包含多种避免偏差的技术。

B 类：**可以委托的重复决策**（委托给个人或工作团队，例如区域或国家级别的市场推广，对制造基地级别的生产运营的调整，以及给自行车棚涂什么颜色）。这些决定应该以清晰透明的职责授权到尽可能低的级别，包括决策和咨询对象（咨询对象没有“投票权”，只是输入）。这些决策还应明确地授予代理权限，以明确什么重要程度或风险会触发额外的批准。

C 类：**重复的、交叉的决策**（涉及多个领域，例如跨产品 / 区域的预算分配、销售和运营规划、新产品开发）。实际上，这些决策并不是一个决策，而是一系列小决策的最终结果，这些决策必须协调一致并跨越组织边界。因此，在端到端系统中，特别是在关键接口上，应该设置一个明确定义决策协议的正式流程。这些流程还应该具有内置的反馈循环，以便随着时间的推移系统性地改进流程。

行为经济学教授、《怪诞行为学》一书的作者丹 · 艾瑞里 (Dan Ariely) 总结得很好：“好的决策需要时间和注意力，而我们获得所需时间和注意力的唯一途径就是选择自己的立场。”

如何调适你的决策方法

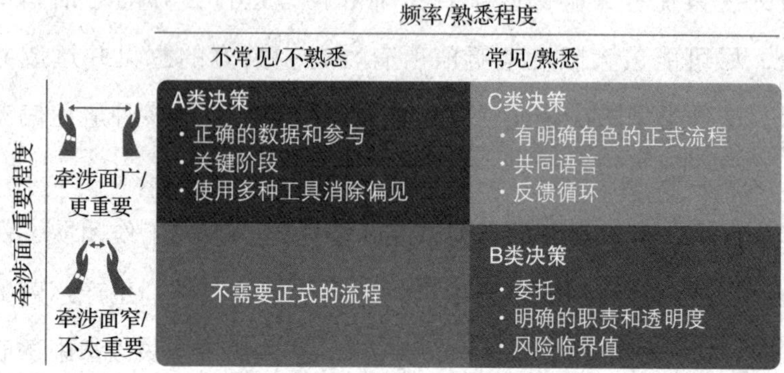
频率/熟悉程度
不常见/不熟悉
常见/熟悉
牵涉面/重要程度
牵涉面广/更重要
牵涉面窄/不太重要
A类决策
· 正确的数据和参与
· 关键阶段
· 使用多种工具消除偏见
C类决策
· 有明确角色的正式流程
· 共同语言
· 反馈循环
不需要正式的流程
B类决策
· 委托
· 明确的职责和透明度
· 风险临界值

有什么好主意?

对话与数据同样重要

“除非是上帝，其他人都以数据说话。”这句名言被认为出自管理科学家爱德华·戴明（W. Edwards Deming)。这句话支持了他的基本哲学，即数据测量和分析对于做出良好的管理决策至关重要。现代商业中的大多数领导者都认为这是常识——得到正确的数据，你就会做出正确的决策。具有讽刺意味的是，数据并没有完全证实这个断言！

在一项跨行业研究中，研究人员对过去五年做出的 1048 项重大决策（如新产品投资、并购、资本支出）进行了调查，要求管理人员报告所做数据分析的质量和细节（如建立详细的财务模型、进行敏感性分析）以及对话的稳健性（如参加高质量辩论)，然后将这些信息与绩效指标结合起来进行分析，以确定对话与数据在多大程度上解释了结果中的差异。答案是：对话赢——是数据的六倍。这并不是说数据不重要，而是说如果没有高质量的对话来解释、评估和提取数据的含义，那么数据的高质量分析是相对无用的。

虽然上述研究针对 A 类决策，但我们的经验是，对话对于组织中所有重要的决策类型都很重要，尽管每种决策类型看起来都不一样。对于委托给个人或工作团队的 B 类决策，不仅要分配职责，还要明确在做出决策之前被委托的个人或团队可以咨询谁，这是至关重要的。此外，当触发一个更高决策的需求时，这个流程应该包含“接电话”并进行对话，而不是任何烦琐的或官僚的事情。

当涉及 C 类决策时，对话尤为重要，因为它确保跨组织边界所需的协调一致能高效有效地进行。这些交互的领导者在决策过程中扮演关键角色，因为他们需要平衡倡导和查询来影响进程的向前发展，而没有职权来命令采取行动。领导者明智的做法是确保这些角色具备恰当的技能。为了促进对话，应确保每个人都知道自己的角色很重要，否则就会出现常见的“没人能说行，但每个人都能说不”的情况。

有很多模型可以帮助领导者在决策中分配“岗位”，其中最流行的是 RACI 模型。这个模型包括明确谁负责提出建议，谁批准建议并据此做出实际决定，在做出决定之前征求谁的意见，在实施决定之后通知谁。

尽管戴明强调数据，但我们估计他会同意对话同样重要（或更重要）这一观点。毕竟，他还说过，“3% 的问题有数据，但 97% 的问题没有。”

一个决策是否正确的决定因素（实现期望的绩效改善）

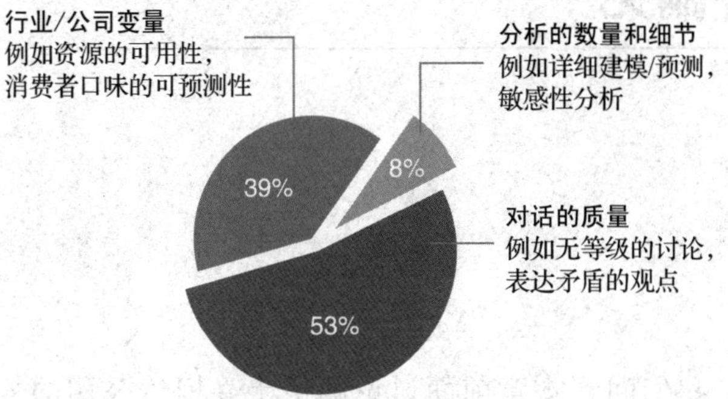

“简而言之，良好的流程不仅仅是好习惯，更是一门好生意。”

——《麦肯锡季刊》

有什么好主意？
小心偏见

我们回到本章前面讨论的伊士曼柯达公司的故事。到 2005 年，很明显，该公司的胶片业务收入暴跌，公司需要重塑自己。新任首席执行官安东尼奥·佩雷斯（Antonio Perez）上任了。佩雷斯很快就将公司的战略转向了批评者所说的“数字打印机市场上激烈而徒劳的竞争”。由他主导的错误战略，使柯达的股价从大约 25 美元跌至 2011 年年底的不到 1 美元，导致柯达在第二年年初申请破产，佩雷斯获评 CNBC 2011 年最糟糕 CEO 之一。

佩雷斯为什么要采取让柯达陷入困境的战略？在一定程度上，答案在于心理学家所说的确认偏差。当他查看现有的信息时，他对确认他的信念的信息进行加权，而忽略了驳斥这些信念的信息（包括该公司已经在数字打印机领域进行过多次试验，但均未取得成功，而且在这样一个商品化的行业中，缺乏制造技术和规模，无法获得有吸引力的回报）。至于他在担任 CEO 之前的职业生涯？ 25 年来主要在惠普公司的喷墨打印和成像领域工作。

确认偏差只是众多认知偏差中的一种（查看维基百科，你会发现上面列出了 120 多种），这些认知偏差会导致我们的决定偏离良好的判断。然而，在我们的经验中，这两种偏见是最普遍也是最危险的：社会偏见和乐观偏见。社会偏见是指我们倾向于过度考虑我们认为别人会如何看待一个决定，这正是我们在前面描述的“阿比林悖论”中所发生的事情。乐观偏见是对可能出现的最好结果的期望。这就解释了为什么西方国家的离婚率在 40% 左右，而当你让新婚夫妇给他们离婚的可能性打分时，他们最可能的答案是 0。这也是为什么 90% 的资本项目成本超支（平均超过其原商业计划 45%）。

意识到这些偏差并不能帮助人们避免它们。正如该领域最重要的思想家之一丹 · 艾瑞里所言：“在做决定方面，我和我所写的其他人一样糟糕。”幸运的是，有许多经过验证的实用工具可以将决策中的偏差降至最低，其中包括“预验证”（生成一系列潜在的导致失败的原因建议列表，并在其发生之前进行反向纠正）、“红队—蓝队”（指派一人 / 一组为一项决定进行辩论，另一人 / 一组进行反驳）、“清洁工作表的重新设计”（只从一组需求中开发系统，不考虑与当前投资或路径相关的问题）和“消失的选项”（去掉优先选项并询问“我们现在要做什么”）。虽然有许多工具可供选择，但仅仅是让一个多样化的团队参与进来，就能获得相同的决策回报——研究表明，这可以将决策质量提高 50% 以上。

常见的偏差和消除偏差的技术举例

常见的偏差	消除偏差的技术
确认偏差：过度关注支持预先存在的观点的数据	· 预验证 · 清洁工作表的重新设计
乐观偏见：期待最好的结果	· 测试和学习 · 场景分析
社会偏见：融入群体思维	· 故意持相反意见的人 · 匿名投票

在一项对772名董事会成员的调查中，受访者将“减少决策偏差”列为改善业绩的头号愿望

如何实现？

遵循 5 步法则来改善决策

一家跨国零售商正陷入深渊。在这个行业，属于大公司和老牌公司的时代已经过去了——灵活的公司才能胜出。而该公司主要活跃于成熟、低增长的市场和渠道，在日益数字化的世界中尤其脆弱。一个新的战略是：全渠道，在主要新兴市场发展，寻找新的差异化来源。几乎所有的领导者都对新战略的潜力感到兴奋。然而，就像房间里的大象一样，该公司的官僚主义、复杂性和政治坚决地站在战略执行的对立面。为克服这一点，执行团队进行了一项努力，以大幅提高决策有效性。

1. 统一目标

他们确定了与执行新战略相关的关键决策，并根据风险价值和在做出决策时感受到的痛苦（缺乏效率和有效性）对这些决策进行优先排序。排名前几位的是：全渠道产品和服务水平，制定有凝聚力的不动产和店面规划策略，建立全球人才管理体系（尤其是外派员工和不断壮大的本土人才库）。总共选择了10 个决策。

与此同时，他们致力于创造一种共享的语言，来描述好的决策是什么样的。工作团队研究了许多模型，包括 RACI 模型，并最终决定对其进行调整，以创建他们自己的“CDI”模型——用于任何决策。在形成建议的过程中，需要预先澄清要咨询（consult）谁，谁实际决定（decide）行动的方向，以及期望谁实施（implement）该决定。最后，会议规范被建立起来，如“不准备，不开会”“强势开始”（询问需要做什么决策以及与决策相关的 CDI 是什么）和“三角分立”（分离推动者、决策者和持相反意见者的角色）。

统一目标
我们想去哪里?

一致：为好的决策过程创建一种共享的语言和愿望

识别：确定哪些决策为组织带来最高的价值，哪些决策最低效或无效

优先级：选择10~15个最重要的决策过程进行改进

2. 认识差距

确定了优先级之后，每个决策都被映射为确定当前的方法和痛点，对当前进程的实况调查研究了步骤、花费的时间、举行的会议、使用的投入、限制（实际和假设的）和所起的作用。痛点探索询问了关于挫折、瓶颈、花费或浪费时间的驱动因素、

准确性、优势 / 作用、更改建议和进行改变的障碍。

利用这些见解，就可以创建一个关于当前状态的“镜子”，以及改进想法列表。跨领域的问题被标记出来，如重视“保持平静”与“如实相告”的文化倾向、合作的结构性和激励障碍（例如创建一个全渠道店主角色的重要性），以及为矩阵式组织中诸如“谁能做决定”等问题提供自上而下的角色明示的必要性。

最后，这些决策被分为三种类型：不常见但风险很高的决策（包括一些关键技术、结构和与私有标签相关的决策）；重复的、交叉的决策（需要重新设计流程，包括类别规划、资本规划和预算）；重复的、可以委托的决策（没有一个上升到高价值列表）。

认识差距
我们准备好了吗?

映射：映射最重要的10~15个决策以确定痛点

根本原因：确定痛点的根本原因（过程、文化、数据、参与等）

分类：应用A、B、C三类框架来确定解决根本问题的最有效方法

3. 明确路径

对于每一个优先事项，举行一次决策“温室”会议。这些会议为期两天，涉及所有利益相关者的不同代表，目的是共同创建一种更有效的决策方法（或者说在一次性决策的情况下，

获得实际决策），同时通过运用大量的去除偏差的技术来构建参与者的决策能力。

在第一天的会议上，参与者在“照镜子”中看到了当前过程的映射、痛点，以及识别的根源。通过认识差距阶段的输入和专业的帮助，小组成员们参与了一项清洁工作表重新设计的工作，目的是达到事半功倍的效果。在IT资本规划流程中，达成了一些解决方案，例如将低于50万美元的决策重新推入单个业务，将审批时间与资金发放时间匹配，将应用程序流程从30页减少到1页，以及调整投票流程，以反映业务预期的未来足迹（全渠道）与当前状态（严重侧重于物理通道）。

到第一天结束时，新的流程、角色和责任已经很清楚了（在这种情况下，任何人都不能回家）。第二天，小组“把水注入管道”——以角色扮演形式对新方法进行压力测试，以确定到底节省了多少时间，实现了哪些增量影响，以及如何改进决策。然后进行预验证，问这样一个问题：“如果在一年内，痛点又回来了，为什么会出现这种情况？”这样就会对思维模式和行为转变以及做出新的流程工作所要求的承诺形成结构化的反映（或在做出决策的情况下，确保实施的发生）。然后阐明接下来的步骤。

在“温室”会议的同时，高级团队召开会议，就评估阶段发现的交叉问题（结构、文化、激励等）做出决策，并与人力资源和沟通部门合作，制定一项卓越决策和技能建设活动，并将其广泛推广。

明确路径
我们需要做什么才能达成?

清洁工作表：使用清洁工作表的方法重新设计关键决策过程（我们如何事半功倍）

角色扮演：通过新流程对有争议的决策进行演练，以改进设计

消除偏差：应用消除偏差技术进行进一步的测试，并细化建议的更改

整合计划：创建一个实施计划，改进流程和文化

4. 采取行动

在接下来的几周和几个月里，在“温室”会议期间制订的解决方案被有条不紊地付诸实施。领导该项工作的项目团队保持不变，监督实施，包括在新流程的执行中扮演“裁判”的角色。随着不断地取得胜利（包括雇用一批新的世界级的全渠道店主，电子商务和实体渠道团队之间的激励措施的结合，以及从基于历史使用的资本配置转移到价值创造潜力的配置，并且只用了之前一半的时间），他们进行了大范围沟通，以创造来自组织的吸引力，从而学习和应用更多与决策有效性相关的知识。

这些努力奏效了。CDI 语言不仅占据了主导地位，而且“温室”方法的 DIY 版本也有很大的吸引力，它包括逐步确定决策优先级的方法、理解当前状态、发现痛点、应用重新设计杠杆、压力测试新方法和衡量有效性。当在组织中得到更深入的应用

时，越来越多的重复的、更低层次的决策制定了优先级列表，并由尽可能低的级别来处理——极大地增强了组织中更深层次的赋权感，并释放出有意义的领导时间来关注其他问题。

采取行动
我们如何管理过程？

治理：实施清晰的治理，以确保建议从页面上的文字转移到组织支持的实践中

能力建设：提供上层建筑以确保新设计过程在第一时间起作用

强化：发出强烈而明显的信息，表明领导者重视每个人做出改变的努力

5. 持续改进

一旦项目很好地走上正轨，工作团队就将目光转向创建一个简单的、非官僚的决策仪表盘，使其能够在组织内保持决策效率。在关键决策领域还采用了一项有五个问题的“满意度调查”，把任何倒退或进一步改善的潜力突出出来。

最后，公司的入职和能力构建方法得到了增强，包括决策效率模块，涵盖了从 CDI 模型到预期的满足规范、相关的思维模式和行为，以及用于改进决策过程的各种工具。

持续改进
我们如何不断前进？

衡量：严格评估有效性和效率改进

学习：编写最佳实践并与其他适用领域共享

制度化：确保公司方法的存在，以便为出现的新决策创建干净的决策流程（防止出现痛点）

在他们面对自己的决策挑战不到一年之后，高管团队就有了一种发自内心的感觉，他们的努力已经让组织“不受束缚”了。有关该公司运营模式的重要决策打破了数字业务和实体业务之间的僵局。针对关键战略优先事项的进展步伐已大大加快。也许最令人满意的是在整个组织内进行的建设性对话消除了决策障碍——非建设性的会议被“召集”起来，当场做出改变，不明确的职责被提出并迅速得到解决。

决策
概览

为什么重要？

- 决策质量关乎一家公司的成败。
- 糟糕的决策在蔓延。
- 它会影响你留住人才的能力。

有什么好主意？

- 区分三种决策类型。
- 对话与数据同样重要。
- 小心偏见。

如何实现？

- 遵循 5 步法则来改善决策。

在每个步骤中，最容易被忽略的动作：

统一目标： 基于价值和“痛点”考虑优先级。

认识差距： 充分理解问题产生的根源。

明确路径： 清洁工作表解决了至少 2 倍的改进。

采取行动： 在投入使用之前，与所有利益相关方一起“试运行”解决方案。

持续改进： 使存货盘点 / 持续改进制度化。

第 6 章

如何再造组织以快速获取最大价值[㊀]

6

㊀ 我们感谢麦肯锡高级合伙人亚伦·德斯梅特（Aaron DeSmet）共同参与本章的撰写。

组织再造
一个永恒的主题

组织的历史和人类的历史一样长。没有组织，人类不可能在一个充满敌意的史前世界生存下来。通过组织我们朝着共同的目标一起努力，通过组织所取得的成就远远超出了个人所能独自完成的事情。无论是我们每天使用的大量生产的产品和服务，如公共交通、太空旅行、互联网，还是人类基因组图谱，我们所看到和体验的所有一切都是人类组织的结果。

每一代人都在寻找更好、更有效的方式来组织自己以实现目标。在这一演变过程中，我们已经从以强有力的领导者为中心，以家庭 / 部落为单位的绝对权力模式，过渡到早期的政治和商业帝国中分工明确的层级金字塔结构，再到促进更复杂形式的合作和价值创造的矩阵式和跨职能结构。基于今天进行的大量试验，许多人认为我们正处于另一个重要的进化阶段的边缘，其采取的是更加去中心化的、自适应的，甚至是自组织的方式。

其中最受瞩目的试验之一是在线鞋类和服装零售商美捷步（Zappos），该公司在 2013 年宣布将采用一种合弄结构，在这种合弄结构中，没有职称或永久角色（相反，角色是根据同伴协议灵活地重新安排的），信息也完全透明（在这种情况下，使用名为 GlassFrog 的基于网络的战略决策及结果跟踪器）。从哲学角度来讲，这种方法起源于弗雷德里克 · 拉鲁（Frederic Laloux）的著作《再造组织》（*Reinventing Organizations*），书中将这种方法描述为“人类意识的下一个阶段……驯服我们的自我，寻找更真实、更健康的存在方式”。

时间将验证美捷步的试验能否解决传统的组织设计所面对的问题，或者学者的研究能否验证，这种消除等级制度的做法是令人困惑而且不切实际的（导致无法管理的官僚主义），这些都将在实践中被证明是不是正确的。无论结果如何，我们相信只要人类还需要组织，组织设计的故事就不会结束。或许有人持有不同的观点，就像传言中 1899 年美国专利局局长查尔斯 · H. 杜尔（Charles H. Duell）发表的一份声明：“所有能发明的东西都被发明了。”

我们还相信，能够说“在 X 的情况下（如组织规模、竞争环境、战略、可用技术），组织原型 Y 将达成最优绩效（如产品、功能、地理位置、项目、流程）”的日子已经结束。在 21 世纪，有太多的变化存在于太多的变量之中，使这种方法无法发挥效力。相反，我们会尽我们最大的努力帮助你找到适合你的组织的设计方案，这可能是传统和试验性的组织结构、正式和非正式的操作方式以及设计的流动性和稳定性的结合。

组织设计是公司如何分配和协调活动以及信息流以交付预期结果的计划

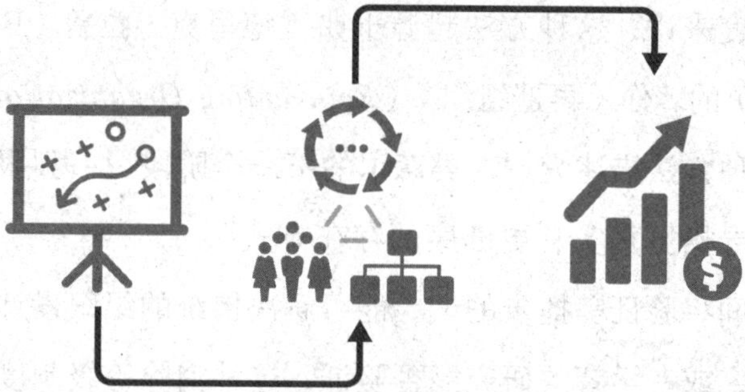

为什么重要？

组织再造是不可避免的

根据最近的一项调查，多达 82% 的高管表示，他们在当前的公司中经历了一次重大的组织再造，无论是在公司层面、职能层面还是事业部层面。更重要的是，70% 的人报告说最近的重组都是在过去两年内实施的。此外，大多数高管认为，他们将在未来两年内再经历一次组织再造。

这可能会让一些人感到惊讶，但考虑到企业高管的平均任职时间只有两年多一点，近 50% 的新上任高管发起了某种形式的重组，而且大多数 CEO 都有近 10 个直接下属，也就不难看出情况会是怎样的。大型组织的组织再造似乎比公司重新设计其网站（平均每 3 年）或升级其计算机系统（通常每 3～5 年）更频繁。

这种情况的影响是惊人的，尤其是考虑组织再造，从计划到实施平均需要 10 个月的时间，而且半数以上的高管报告说，他们看到在执行过程中出现生产效率下降。驾驶一辆新车或许是一个恰当的类比，尽管它远没有那么情绪化。汽车，就像组织一样，是为特定的目的而设计的。一辆小型面包车的设计目的是让一个家庭高效、舒适地四处行动；一辆跑车要设计得好看，加速快；一种运动型多用途车（SUV）是为有效载荷空间和处理越野条件而设计的。如果你习惯了驾驶这些车辆中的某一种，你就需要时间去适应另一些问题：踏板的敏感性，转弯半径，盲点，油箱盖在哪一侧，转向指示灯和雨刷器的位置以及如何调整座位，等等。现在想象一下，如果你平均要开 10 个小时才能完全适应一种车，而这种车你刚开了 24 个小时，你是否会换另一种完全不同的车？

答案是，你不会的，除非你需要的汽车功能发生了显著变化。相对应地，组织再造是由技术变化、新的市场机会、顾客偏好的变化或竞争对手的变化所驱动的战略改变。只要小的、渐进的调整不能解决问题，就需要大变革。在当今的商业环境中，这种变化的速度越来越快，这无疑导致了组织再造的频率变快。然而，这也会缩短从计划到实践的时间（否则我们换车的速度会比我们开车的速度还快）。

然而，这并不完全是被不断变化的外部环境引导的——如果对当前的行驶状况不满意，你也会换掉你的车。正如我们将在本章后面讨论的，这种机制显然也在起作用。不管你怎么看，管理思想家戴维 · 尤里奇（David Ulrich）的说法是对的："随着组织设计越来越多地发生，每个领导者都需要知道如何把它做好。"组织再造是不可避免的，拥抱它，并做好计划。

组织再造的频率和持续时间

82%的高管表示，
他们经历了一次
重大的组织再造

其中70%的人表示，
他们最近的组织再造
是在过去两年内实施的

从计划到实施的平均
重组时间为10个月

“随着组织设计越来越多地发生，每个领导者都需要知道如何把它做好。”
——管理思想家戴维 · 尤里奇

为什么重要？
组织再造会产生深远的影响

希望进行组织再造的高管抱有很高的期望。近三分之二的受访者表示，他们最近的组织再造是为了促进战略重点的实施，超过一半的受访者表示，他们的组织再造旨在提高对增长的关注。排在前五位的原因还包括改善决策（40%）、削减成本（39%）和问责制（39%）。

当组织再造实施时，影响是深远的。想想印度跨国IT服务公司HCL Technologies的创始人希夫·纳达尔（Shiv Nadar）是如何挖掘增长潜力的，当时他将业务垂直化，提高专业化程度，以满足目标行业的需求。或者想想福特的CEO艾伦·穆拉利（Alan Mulally）是如何利用组织再造来解锁领导团队的能力，从而让关键的企业决策变得更好更快，解决了之前创建全球汽车平台面临的问题的。

然而，组织再造的优劣往往很难判断，因为在某一个环境或时代下创造了重大价值的组织再造可能会导致公司在下一个时代的衰落。想想总部位于苏黎世的电力技术和自动化公司 ABB 的命运吧。1990 年，CEO 珀西 · 巴内维克（Percy Barnevik）选择了彻底的去中心化。这个想法是通过“撕掉官僚主义”来释放本地员工的企业家精神，这样世界各地的员工就可以在“不受总部干预”的情况下推出新产品，改变设计和生产方法。这个结构本身是一个由各个事业部和国家团队组成的矩阵，然后被分成 5000 个利润中心。随着利润的飙升，这种结构受到了学者、媒体人、管理大师和股东的高度赞扬。到 1996 年，ABB 连续三年被英国《金融时报》评为欧洲最受尊敬的公司。

快进世纪之交的时候，ABB 的收入增长以惊人的速度放缓，股价开始暴跌。随着客户变得国际化，竞争对手变得更加成熟，这个曾经备受赞誉的设计如今被嘲笑为 ABB 衰落的原因之一。正如一名记者所写的，“巴内维克先生为公司分布广泛的事业部建立的分散管理结构，最终导致了部门之间的冲突和沟通问题。”不正常的竞争恶化和巨大的重复造成了严重的效率低下［举例来说，当时 ABB 有 576 个企业资源计划（ERP）系统、60 个不同的薪资系统和 600 多个电子表格软件程序］。到这个时候，甚至连巴内维克也不得不承认，组织设计“在过去是好的，但在今天就不好了”。

2002 年，新任 CEO 于尔根 · 多尔曼（Jurgen Dormann）通过整合部门和集中损益问责制，成功对公司进行了组织再造，通过更高效的合作为跨国客户带来快速、有竞争力的报价，该公司的命运发生了逆转。

这个故事的寓意是什么？正确的组织设计会带来巨大的好处和坏处；要注意，之前带来好处的组织设计可能会随着时间的推移给公司带来坏处。

高管层从组织再造中寻求的利益

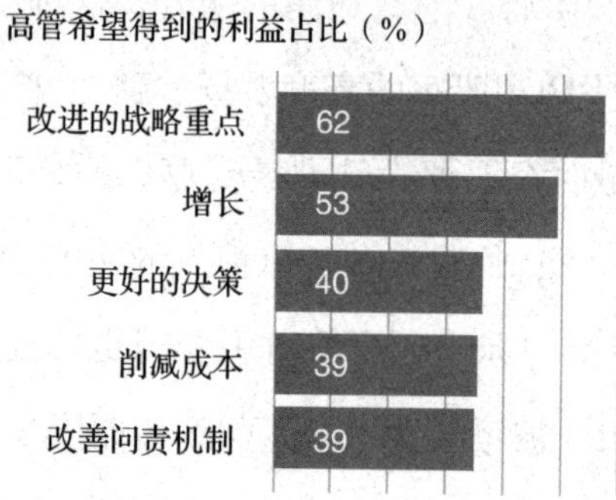

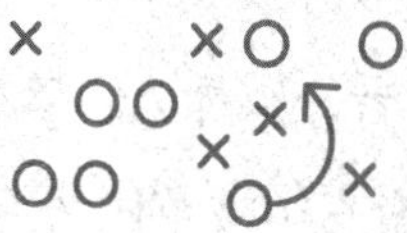

“在我们战略变化的每一个阶段，
我们都通过改变组织结构
和工作方式铺平了道路。”
——J. V. 克努斯托普
（J. V. Knudstorp），
乐高公司前CEO

为什么重要？
只有 23% 的公司做对了

有一句格言是这样说的，“你的组织是为完美地契合你今天的业务结果而设计的，所以如果你想提升业绩，就应该重新设计你的组织。”许多领导者都觉得这话很有吸引力，但在实践中就这么简单吗？不幸的是，答案是否定的。

美国作家小查尔顿 · 奥格本（Charlton Ogburn Jr.）捕捉到了大多数情况下发生的事情，他写道，“我们倾向于通过重组来应对任何新情况；这是一种非常棒的方法，它可以在制造混乱、效率低下和士气低落的过程中创造出进步的假象。”的确如此，最近我们对企业高管的调查显示，只有 23% 的人表示他们花在企业重组上的努力是成功的，这意味着重组达到了他们的目标，并改善了业绩。

进一步来看，44% 的企业重组会在实施过程中陷入困境，而且永远不会真正完成。宝洁公司（Proctor & Gamble）就是一个具有历史意义的例子。1999 年，CEO 杜尔克 · 耶格（Durk Jager）接手这个组织，他和其他领导者觉得这个组织过于自满，不够创新，而且受制于保守的层级结构。为了释放业绩，耶格将公司从区域性的事业部结构重组为更加分散的产品组结构，授权每个组开发创新产品以满足客户需求。虽然这从书面上看被认为是一个很好的设计，但是耶格无法调动组织成员，尤其是中层管理者，在新的组织架构中有效地工作。如果他花更多的时间让其他人参与进来，那么他在被聘用仅 18 个月后就从 CEO 的位置上退出的命运或许就可以避免了。

另外 23% 的企业重组被充分实施，但是重组的目标没有达到。克莱斯勒公司在三年内对公司进行了三次重组，收效甚微，最终导致公司破产并与菲亚特合并。

最后，10% 的企业重组对业绩有显著的负面影响。雅虎公司前 CEO 特里 · 塞梅尔（Terry Semel）将公司重组为矩阵式结构，旨在提高各个项目之间的资源共享，结果导致严重缺乏责任制以及决策中的可怕僵局，使雅虎远远落后于快速发展的科技行业的同行。正如一位离开公司的高管所言，“伟大的员工之所以离开，是因为他们觉得自己没有工具和权威，无法在理论上本应由他们负责的事情上取得成功。或者因为有太多的人认为他们是负责人，而他们却不能把事情办成。平庸的人留下来，因为他们受到保护，不需要承担责任。”

尽管极端失败的例子相对较少，但我们要提出警告，任何失败的累积效应都可能是有害的，因为影响甚微的重组周期会让查尔顿 · 奥格本所写的那种“混乱、低效和士气低落”嵌入公司文化。

组织再造工作的结果

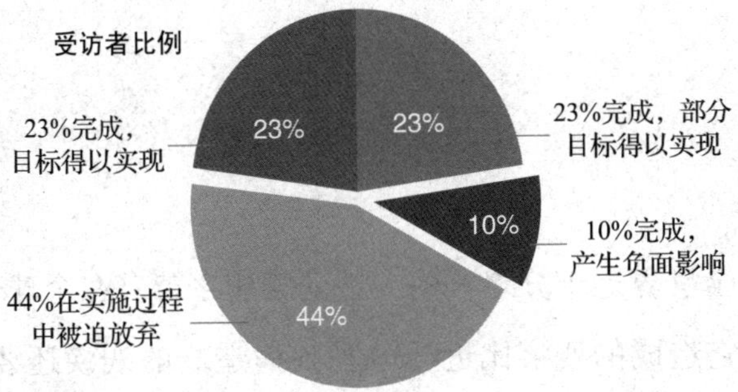

有什么好主意？
超越思维框架

全世界近十分之一的人遭受腰痛之苦。在全球范围内，它造成的残疾比近300种疾病造成的残疾还要多，导致了三分之一的工伤。原因是什么？这是一个有趣的问题，85%～90%的病例，没有明确的诊断。在这些病例中，患者听到的主要原因是结构性的（如脊柱狭窄或小关节紊乱），与软组织问题有关（如椎间盘突出、腰肌劳损、坐骨神经痛或肌腱痛），或者是心理上的而非身体上的（如未表达的焦虑或愤怒等压抑情绪的结果）。有些人可能会忽视后者，但值得注意的是，研究表明，通过手术解决结构性问题在26%的患者中是成功的，而物理治疗和心理干预的成功率要高得多，在一些研究中高达76%。

对于如何思考组织的重新设计，腰痛的故事是一个恰当的类比。如果你只考虑解决结构元素，那么你成功的可能性仍然很低。所谓结构元素，我们指的是线条和框架、角色和职责（如职能 vs. 业务）、边界（如内部采购 vs. 外包）和位置（如总部的地点)，以及治理（如委员会结构）。在组织重新设计时要考虑的另一个类别是流程元素，例如流程设计（如标准化）和决策（如决策权）、绩效管理（如关键绩效指标和相关奖励）、IT 和技术推动者（如 IT 基础设施）以及其他关联因素（如信息流）。此外，人员因素，包括劳动力规模、非正式网络、技能和人才，以及文化等也需要考虑。

尽管所有这些因素都对完成工作起了作用，但大多数领导者发现，他们很难不被条条框框吸引，因为这是他们最关心的——最常见的原因是线条和框架的有形性，以及员工对他们在架构图中所处位置的情感权重。然而，其他领导者则把钟摆摆向相反的方向，让设计对话围绕着人展开——我们已经坐下来进行了许多没有结果的讨论，比如，“如果皮埃尔向弗朗西斯汇报，阿卜杜勒会有什么感觉？或者，也许英格丽德可以管理新的生产线，阿卜杜勒可以兼任，这样他就不会觉得自己被降职了，我们也可以把战略小组交给他。哦，但是当皮埃尔退休后，我们需要让苏珊准备就绪，一岗双人制的角色不足以让她在市场上做好准备……”

我们的数据表明，当领导者考虑到上述三个要素之间的动态互动时，他们成功的可能性是那些不成功的领导者的三倍。更重要的是，这可能是一个改变工作生活的经历，与一个人治愈了慢性背痛差不多。

用于重新设计组织的手段

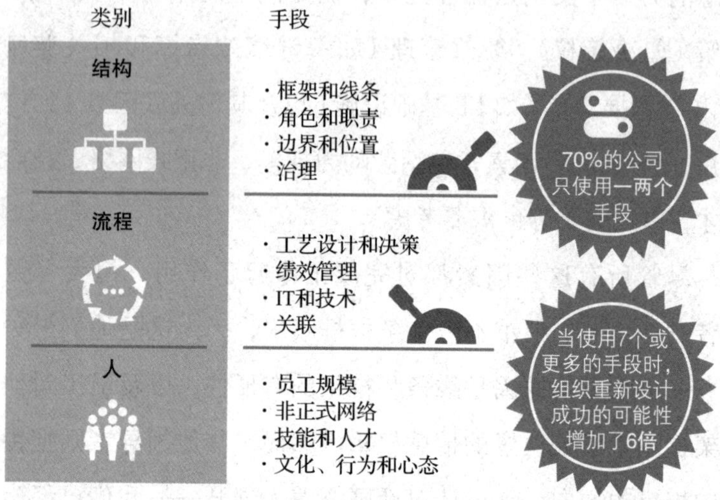

有什么好主意？

敏捷需要稳定性

澳大利亚出生的传媒大亨鲁伯特·默多克（Rupert Murdoch）经常说："世界日新月异。不再是大公司打败小公司，而将是动作快的公司打败动作慢的公司。"这是一个精彩论断，但如果你选择了错误的目的地，快并不会真正有所帮助。我们认为真正的优势在于敏捷，而不仅仅是快速。这两者有什么区别呢？敏捷不仅包括速度，还包括平衡、协调、力量、耐力和反应能力。你可以通过反复练习同样的事情提升速度，但结果只是更快。敏捷意味着更聪明，也更优雅——它知道跑在第一位并不意味着跑得快（谚语"第二只老鼠得到奶酪"概括了这种感受）。

哥伦比亚大学商学院教授丽塔·冈瑟·麦格拉斯（Rita Gunther McGrath）的研究揭示了敏捷组织的样子和感觉。她发现，与其他公司相比，收入增长不成比例的大公司有两个主要特征：一方面，（成长型公司）是为创新而建立的，（它们）擅长试验，（而且）可以在瞬间改变。另一方面，它们非常稳定，战略和组织结构保持一致，文化强大而不轻易改变。“我们的研究证实了这一点：那些既快又稳定的公司，其高绩效的可能性是那些既快又缺乏稳定运营原则的公司的三倍以上。”

这个想法的力量不可低估。大多数领导者认为，推动创新的速度和灵活性与推动效率和控制风险的标准化和集中化截然相反。这是一种错误的权衡。也许一个恰当的类比是整个社会，个人自由在频谱的一端，政府控制在频谱的另一端。然而，他们彼此需要：如果不服从和执行法律，自由社会将变成无政府状态。

在实践中，要变得敏捷，领导者应该确定组织设计的哪些部分是稳定不变的，同时，创建更松散、更动态的元素，这些元素可以快速适应新的挑战和机遇。用智能手机打个比方，你需要首先选择硬件和操作系统（稳定性），然后放开控制，这样才能开发和改善有用的应用程序（灵活性）。例如，你可以选择一个组织的主轴（稳定性），同时围绕解决特定需求（速度）促进临时绩效单元的形成。或者在一些审批流程中将工作标准化（稳定性），在其他领域通过迭代周期来协调工作（速度）。或者你可以强调一套共同的文化价值观（稳定性），同时从根本上授权一线按照这些价值观做出决策（速度）。

采用敏捷组织设计的公司还有另一个特性：它们打破了每隔几年就要进行大规模组织重新设计的循环。为什么？因为它们实现了围绕稳定核心的持续重组状态。

速度和稳定性与绩效之间的关系

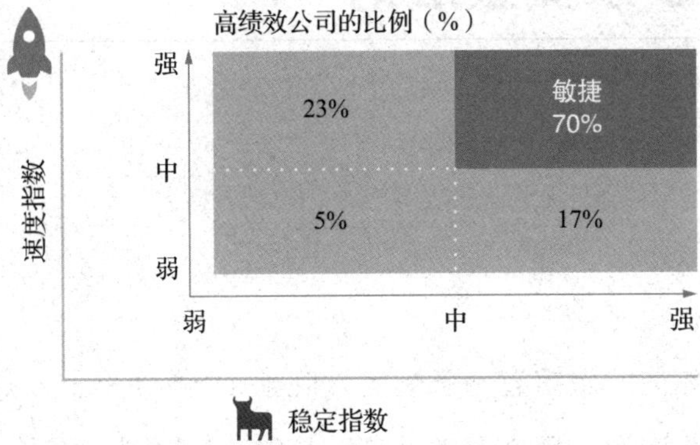

有什么好主意？

遵循 9 条黄金法则

你住的旅馆有一条规定，晚上 10 点到早上 6 点之间不准洗澡。现在是晚上 10 点 5 分，你刚从海外飞过来，在飞机上睡了一觉，而你早上 6 点要开会。你会遵守规定吗？第二天早上，你把租来的车从停车场开出来，本能地在路的右边行驶，突然你记起这个国家的规则是靠左行驶。你会转换车道吗？

规则通常是为了保护我们免受负面影响。然而，我们并不总是遵循规则，而是采取“规则是用来被打破的”立场。此外，有时不遵守规则是疯狂的。借用西班牙小说家卡洛斯 · 鲁伊斯 · 扎丰（Carlos Ruiz Zafon）的话来说，你不可能靠把球击出球场来赢得一场网球比赛。当涉及重新设计组织时，研究表明有 9 条规则是非常值得遵循的。当你这样做的时候，你在重新设计组织时成功的可能性比你只遵循几个的可能性要高 7 倍以上。即使没有遵守所有的规则，遵守的越多，成功的机会就越大。这 9 条规则具体如下。

规则 1：首先聚焦长期战略愿景——只在痛点上集中注意力通常会导致意想不到的新事物被创造出来。

规则 2：花时间调查场景——创建一个对当前的结构、流程和人的准确的、可证实的图像。

规则 3：把选择正确的蓝图结构化——创建多个选项并在不同的场景下进行测试。

规则 4：超越条条框框——我们认为这条规则是如此重要，以至于我们已经把它作为我们的“好想法”之一来讨论了！

规则 5：严格选拔人才——制订一份人才选拔计划，使各个级别的优秀人才能够以有序和透明的方式得到补充。

规则 6：确定必要的心态转变，并改变这些心态——不要想当然地认为人们会自动排队并听从指示。

规则 7：建立衡量短期和长期成功的标准——运行一个重要的人力资本项目和一个重要的资本项目是一样严格的。

规则 8：确保与业务领导者的沟通——围绕组织重新设计创建有力的阐释，并以一种互动的方式将其传导到整个公司。

规则 9：管理过渡期的风险——监控和降低风险（如业务连续性中断、人才流失、客户服务缺失）；也就是说，背着降落伞跳！

在重新设计组织这个高风险游戏中，我们建议你遵守规则！

成功的组织重新设计和遵循 9 条黄金法则之间的相关性

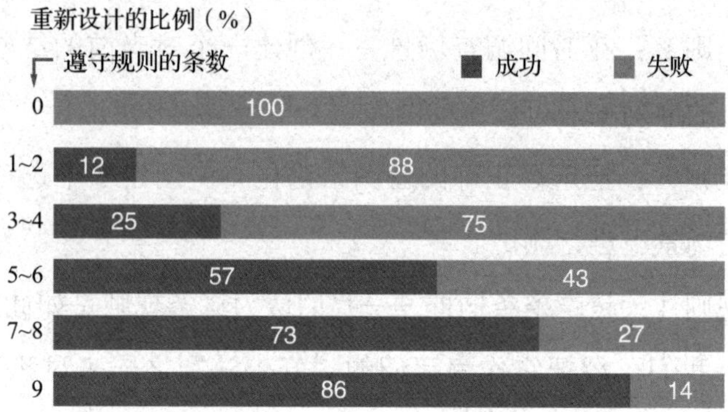

如何实现？
遵循 5 步法则让组织再造成功

一家总部位于美国的大型化工公司发现自己被规模较小、更灵敏的竞争对手击败。该公司在过去几十年里发展迅速，但增长已经陷入停滞。CEO 和高层团队决定了一项新的战略，通过更专业的产品，以及提高目标客户群体的质量和服务来重获市场份额。高管团队很清楚，执行他们的新战略将需要新的组织设计。

1. 统一目标

第一步是充分阐明新战略的组织要求。谈话从一个高层会议开始，他们一致认为，公司需要大幅增强职能工作的能力(尤其是商业能力)，释放比过去更多的创新能力。他们还需要明确责任，这样职能部门的领导就会知道如何在相互竞争的需求之间做出权衡，销售代表就会知道谁可以对客户的具体需求做出决策。此外，当前由产品线、职能部门和区域组成的矩阵式结构所带来的复杂性需要简化。销售区域很受影响，在该区域，客户通常有两三名销售代表以一种极不协调的方式来拜访（跨多个区域的关键客户最终可能会被10名销售代表拜访）。

高层团队从过去失败的组织再造中学到，如果他们不能及早得到更广泛的管理者联盟的支持，这项努力注定会失败。答案不会像预想的那么好，更重要的是，实现这一目标的主动性会很低。因此，需要采用高度协作和透明的方法来细化组织设计需求。来自各个领域的低几个层级的管理者和高潜力人才参加了一系列的工作坊，来讨论和完善原则草案。最终，他们达成了一系列共识，其中包括：为优先级客户创建一个单一联络点，将决策授权给尽可能低的级别，在矩阵中选择一个主轴，厘清责任，为跨职能流程中的移交者制定明确的规则，以及允许敏捷项目团队在临时任务出现时提供服务。

统一目标
我们想去哪里？

战略需求：确定业务策略对组织设计的影响

痛点：确定当前结构中哪些地方不太好

设计原则：将策略和痛点综合成具体的标准来指导设计

参与模式：确定哪些领导者应该参与，什么时候参与，以及参与的规则

2. 认识差距

在将这些原则转变为具体的蓝图之前，对现有组织精确

的基准形态进行整合。这是一项非常困难的任务。与从人力资源系统进行简单的“拖拽”工作不同，数据的提取揭示了许多问题：空白数据字段和信息没有及时更新。模糊的工作类别让人很难理解人们实际扮演的角色，而重叠的架构使许多角色被重复计算，但每个地区和整体的员工人数并没有增加。

一旦数据被梳理，内部和外部的标杆研究就可以开始。虽然意识到标杆管理的局限性，但发现人员编制比行业平均水平高出 20%～30% 这一事实还是有益的。同时，当他们从外部观察其他研发部门时，就会意识到其复杂僵化的结构离他们未来所需的“创新引擎”有多远。通过访谈关键客户，他们直接了解到一致的、整合的销售方法需要什么。不过，也不全是坏消息，还有许多优势需要保护和增强：该公司在制造和研发方面拥有业内最优秀的技术人才，销售团队对客户需求有深入的了解，并且有由指标驱动的绩效文化——这些都是他们未来需要使用的重要资产。

下一步是考虑到组织的基本形态和现有优势，将商定的原则转化为一组具体的选项。这些都是针对一组行业场景和“红队—蓝队”决策方法（一种辩论形式，其中一个团队只讨论赞成，另一个团队只讨论反对）进行的压力测试。最终，选择从 10 个压缩到 3 个，提交给高管团队，由高管团队决定向董事会推荐哪一个。

认识差距
我们准备好了吗?

基线：为你的组织开发一个精确的、定量的基线
优势：了解应该保留的结构优势
标杆：根据最佳实践来评估结构，以确定进一步的机会
设计选项：开发一系列潜在的结构，并根据设计原则进行测试

3. 明确路径

经过激烈的讨论，高级团队决定采用一种顶层设计，以职能轴为主。所有业务活动将在新的首席运营官（COO）的领导下进行；销售人员目前分布在不同的产品组和地区，由首席商务官（CCO）召集在一起；一个新的研发职能将被提升到最高团队，直接向CEO报告。与这个稳定的主干互补的是一个敏捷的组织覆盖层，它可以利用职能部门的人才池并将其配置到工作团队中，以解决出现的复杂客户和内部问题（在所谓的“流程到工作”人员配置模型中）。这些特别行动组的经费、权力、责任和任务期限最长为3个月，鼓励快速迭代并解决问题。整个设计经过了关键客户和监管机构的压力测试，然后提交给董事会，得到了一致的支持。

接下来的步骤是举办一系列工作坊，邀请选定的较低职级的员工参加，以确定新结构在实际中如何适用于每一关键职能。这些小组经历了类似于最终推导出顶层设计的过程：理解原则、基线和优势；开发和压力测试详细的选项，然后做出最终决定。

一旦在每个领域完成了详细的工作，就会把所有的部分放在一起，并做最后调整，以确保它们是协调的。当高管层批准后，最终设计交给人力资源团队，人力资源团队根据他们的具体要求（包括技能、行为和心态）编制了一份关键职位的列表。最后一步是设计一个严格的人才匹配流程，以确保公平和透明。

明确路径
我们需要做什么才能达成？

顶层设计：进行权衡，选择用于敏捷性的主轴（稳定的主干）和机制，最后确定你的顶层设计选择

签批：确保董事会和主要利益相关者在设计上签字

详细设计和测试：详细定义结构、过程和人员中所需的相关变化

人才重构：采用严格的流程将人才安置到新组织

4. 采取行动

在确定了谁将担任新结构中的关键领导角色后，还要制订一项执行计划。该计划包括 CEO 向更广泛的范围宣布组织架构重新设计，随后是一系列精心策划的各级工作坊，以使高级和中层经理能够全面了解其所在领域和个人的结构、流程和受影响人员。在宣布之前要与那些受影响最大的领导人员进行谈话，包括董事会、CEO 和高管团队的一对一谈话。同时建立一个项目管理办公室（PMO）来协调流程，并监控客户满意度、员工敬业度和保留率。

宣导计划中最关键的要素之一是新设计在实践中所需的理

念和行为转变。领导者将不得不接受对自己无法直接控制的事情担起责任；考虑到细分策略，他们将不得不接受，一些客户获得的服务将比过去少；他们必须要分享知识，而不是将这些知识保护起来以作为他们获得下一次晋升的优势。引入这些转变的行动被构建到实施计划中，包括角色建模、沟通、技能构建，以及过程、系统和激励的改变。

采取行动
我们如何管理过程?

“从……到……”的思维模式：确定支持未来设计所需的思维模式的任何必要转变

启动计划：开发计划，将详细设计和第一天的发布并联起来，结合敏捷元素进行快速迭代和细化

沟通计划：由利益相关者开发外部和内部沟通方法

支持基础架构：确保发起人、PMO、指标和跟踪机制到位

5. 持续改进

考虑到他们对设计的广泛参与，在整个发布过程中，领导层的认可度很高。以透明的方式让员工参与和信息传递，意味着与以前的组织再造相比，组织内的焦虑和混乱减少了。来自客户和其他主要外部利益相关者的反馈一直是积极的，部分原因是在整个实施过程中都采取了确保业务连续性的措施。这种积极性也促进了从外部吸引高质量人才的能力，带来了所需的才能，并对想要的理念和行为转变带来积极影响。并不是所有事情都按照计划进行，但是PMO结构在问题出现时能够迅速

识别和解决问题。

持续改进
我们如何不断前进?

执行监控：根据关键的运营和财务指标及里程碑，监控向主轴转换和敏捷程度扩展

人才管理：采取措施留住优秀人才，吸引外部人才

业务连续性：维护客户服务和业绩报告的关键流程

员工敬业度：确保员工感到被支持和解决他们的问题

在新结构运行了一年之后，公司回到了正增长的轨道上——战略奏效了，支持它的组织设计也奏效了。选择一个职能主轴是正确行动，处于关键位置的人才在一起工作得很好。该组织在敏捷性方面取得了突破——新的结构使他们能够成功地创建被授权的、跨职能的团队，以应对重要的市场机会。如何为客户提供更多价值的想法不再被官僚主义阻碍。相反，他们很快就能接受测试，如果他们成功了，这些想法就会被放大。用 CEO 的话来说，“我们没有找到一颗银弹……但我们找到了一种制造获胜所需弹药的方法！”

组织再造
概览

为什么重要?

- 组织再造是不可避免的。
- 组织再造会产生深远的影响。
- 只有 23% 的公司做对了。

有什么好主意?

- 超越思维框架。
- 敏捷需要稳定性。
- 遵循 9 条黄金法则。

如何实现?

- 遵循 5 步法则让组织再造成功。

  在每个步骤中，最容易被忽略的动作：

  统一目标： 解决战略需求，而不仅仅是痛点。

  认识差距： 确保你的基线是经得起考验的。

  明确路径： 明确地选择一个主（稳定）轴。

  采取行动： 快速迭代敏捷的设计元素。

  持续改进： 从第一天起就确保业务的连续性。

第 7 章

如何持续降低间接成本

7

降低间接成本

一个永恒的主题

在约瑟夫·泰恩特（Joseph Tainter）的《复杂社会的崩溃》一书中，他回顾了过去2000年间20多个社会崩溃的案例，并以此推断人类社会是解决问题的组织。但是，随着时间的推移，对问题的响应会增加组织的复杂性，当复杂性的成本超过收益时，就会导致系统崩溃。爱德华·吉本（Edward Gibbon）在《罗马帝国衰亡史》一书中呼应了泰恩特的论断，他认为，帝国衰亡的一个重要原因是“在国家各个部门任职的部长、地方官员和仆人的数量……比以往任何时候都要多”。他的结论是，臃肿的官僚机构需要过度征税才能维持下去，这变得“无法忍受”，从而引发了暴乱。

这些原因也适用于对现代大公司的研究。企业是一个解决问题的组织。随着它的发展，它在环境中面临着新的挑战，并通过增加管理系统的复杂性来应对——系统、控制、流程、会议，以确保所有的变量都能得到管理。然后，这些系统和流程就有了自己的生命周期，领导和维护它们（参加会议、填写表单、更新演示文稿）的时间比直接处理对客户有益的产品和服务的时间要多。如果这种循环持续下去，运营企业的成本就会增长到价格不再具有竞争力的程度——这就会导致客户（和人才）的反抗。

对于过度官僚主义和组织复杂性等问题的完整解决方案，需要应用贯穿本书主题的工具 / 技术（例如决策效率、文化变革、组织设计、绩效管理、转型变化），而复杂性和官僚主义在组织中的一个物理表现形式就是间接成本。我们所说的间接成本是指经营公司所涉及的成本，而不是直接参与生产产品或提供服务的成本。这些成本通常被当作是“固定的”（不随产品或服务销量的变化而变化），这意味着削减这些成本会相应减少要产生盈利所必需的收入，如果这些成本失去控制，可能会使企业陷入困境。

星巴克的首席执行官霍华德 · 舒尔茨（Howard Schultz）提醒我们，“你不可能通过削减成本来通往繁荣。”与此同时，对任何一家公司来说，控制日常开支都很重要。毕竟，每一美元的销售收入贡献了一个小比例的利润，但每一美元的节省则直接进入盈利。一个恰当的类比是家庭“大扫除”——每一年，低价值、多余、过时的物品都会从壁橱、食品储藏室和车库中移走，而剩下的物品则会被重新组织让它们有用。然而，不可避免的是，在接下来的一年里，物品依然会堆积如山，年底依然要“大扫除”。有没有办法打破这种周期性清除的恶性循环呢？继续读下去，找出答案……

间接成本是指经营公司所涉及的成本，而不是与生产产品或提供服务直接相关的成本

生产相关的成本

- 原材料
- 生产线劳动力
- 消耗品

间接成本

- 销售和市场营销
- 设备
- 会计与法律

"省下的每一分钱都是赚到的。"

——本杰明 · 富兰克林（Benjamin Franklin），1737年

为什么重要？
创造价值的公司都会控制成本

在会计报表中，间接成本主要体现在“一般与行政费用”这一项。在标准普尔全球 1200 指数中，一般与行政费用估计每年占 1.8 万亿美元。在这种背景下，麦肯锡公司的艾莉森 · 沃特金斯（Alison Watkins）和罗伯特 · 莱文（Robert Levin）表示：“我们还没有看到在哪一次业绩发布会上，CEO 被问及一般与行政费用为何过低。”相反，减少支持部门的成本将提高公司盈利能力，并让管理层将节省下来的资金用于更有效的用途，或者至少将一部分节省下来的资金返还给股东，这几乎是一条真理。此外，麦肯锡的研究还发现，控制一般与行政费用是成为顶级经济价值创造者的第二大关键因素。

因此，68% 的首席执行官表示，他们计划在未来 12 个月内采取削减成本的举措，这并不足以为奇。然而，许多领导者认为这些努力最终将是徒劳的——40% 的高管表示强烈担忧，他们推行的成本削减计划将在 12～18 个月内再次攀升。这种担心有道理吗？数据显示，他们是明智的，只是过于乐观了！

一项针对标准普尔全球 1200 指数相关企业的研究显示，宣布在 7 年内削减成本的公司中，只有 1/4 不仅在第一年实现了节约，而且在之后的 3 年持续了成本控制（与同行相比，行业、规模、区域或业绩没有发现相关性）。另一项研究显示，尽管美国公司在金融危机期间平均削减了 18% 的一般与行政费用，但在金融危机之后，仍有整整 60% 的企业高管认为组织的支持部门效率低下、成本过高，或者两者兼而有之。之前的研究甚至显示了更令人沮丧的结果，发现只有 10% 的公司一般与行政费用减少的努力在 3 年后得到持续的结果。

从许多方面来看，组织与间接成本之间的关系和人与减肥之间的关系并无二致。全球近 30% 的人口超重或肥胖（超过 30% 的新兴市场人口超重或肥胖）。改变自己的饮食是全球范围内最普遍的减肥方式，但 3 年内近 65% 的节食者恢复到了节食前的体重。对于那些快速减肥的节食者来说，结果更糟，95% 的人在几个月或几年之内体重就恢复了，有的甚至变得更胖。

如果你接触减肥行业，你会听到很多关于减肥有多么容易的说法：只要吃下这种药丸，遵循这种饮食习惯，购买这种设备，一切都会在一瞬间融化。投入了大量的时间和资源之后，人们还是超重了。同样地，领导者常常认为快速解决问题——查看总数、应用总体目标和简单的经验法则——将带来可实现的、持久的和显著的收益。但实际上，不会的。

间接成本降低的机遇与挑战

这很重要

控制管理成本是价值创造的第二大关键因素

"我们还没有看到在哪一次业绩发布会上，CEO被问及一般费用为何过低。"

——《麦肯锡季刊》

这很困难

25%的成本削减计划持续3年

"没有证据表明，可以通过削减支出来提高盈利能力，除了会计上的短期增长以外，不会有其他帮助。"

——沃顿人力资源中心

为什么重要？

如果做得不好，会破坏未来的增长

将节食作为削减成本的一个类比，在许多层面上都具有指导意义。例如，洛克菲勒大学做了一项研究，考察了每天卡路里摄入量减少对减肥的影响。在某种程度上，研究证实了你的预期——你摄入的卡路里越少，你减掉的体重就越多（就像在商业中，你发现需要削减的领域越多，你的成本基础就越低）。然而，在不同的情况下，体重减轻的原因并不明显。对于那些每天只适度减少热量摄入的人来说，91%的体重减轻来自脂肪，剩下的9%来自肌肉。而对那些大幅减少日常饮食的人来说，他们体重减少的42%来自肌肉！

更深入地观察这其中起作用的动力学过程，当身体失去更多的肌肉质量时，新陈代谢率就会下降（静止的肌肉消耗的能量几乎是脂肪细胞的8倍）。这也解释了为什么其他研究表明，每天减少200卡路里的饮食和每天减少750卡路里的饮食，在6个月的时间里，减肥效果是一样的。对于大多数读者来说，这似乎是一个新奇的信息，但对于那些依靠力量（一个人能完成多少“功”）和功率（单位时间内能完成的工作量）的运动员来说，这意味着冠军和“失利”的区别。在企业界，也在做着类似动力学的游戏，对于那些力争成为冠军的企业来说，对成本削减有同样深刻的理解是很有必要的。

思考一个电信公司减少销售人员的管理费用的警示故事。这样做能够在不增加一线销售员工数量的情况下削减开支。成本如预期般下降，但次级效应是一线销售代表开始承担支持任务（报告、订单跟踪、开发销售材料）。这样一来，他们花在客户上的时间减少了，这不仅损害了收入，而且随着时间的推移，也侵蚀了他们的技能。此外，由于销售代表比后台人员更昂贵，现在的单位人工成本更高，工作质量更低——因为一线销售人员缺乏与被解雇的后台人员相同的技能。虽然公司的本意是削减“脂肪”，但最终失去了宝贵的销售“肌肉”。两年后，整个销售模式被抛弃，因为公司发现自己陷入了危机。

一家零售商也受到了类似的教训，为了扭亏为盈，它削减了成本。这家零售商的战略正在发生变化，从限定进入市场的风险（即把店铺设在别人已经证明成功的地方），转变为在新地区率先进入市场。与此同时，削减成本的工作流程正忙着减少房地产专业人士的数量和薪酬，实际上破坏了实施新战略所需的机构能力。

正如不是所有的体重减轻都是好的减重一样，削减成本的领导者需要确保他们的努力不会成为收入增长的“敌人”。

削减成本的意图和结果之间的不匹配

良好的意愿

65%

65%的公司的目标是降低成本以获得竞争优势

不良习惯

74%

74%的人同意他们的成本削减聚焦在容易衡量的项目而不是最需要的项目上

“不到五分之一的成本削减者后来能够让自己的公司重新走上盈利增长的轨道。”

——世界大型企业联合会

为什么重要?
你失去的人才往往比你预期的多得多

在经历了漫长而艰难的预算规划周期后，首席财务官向高管层透露，明年的预算计划仍然短缺 1300 万美元。团队中的每个人都已经深入挖掘了自己的工作，所以不知道该如何缩小差距。这位首席财务官表示："我建议我们削减 1% 的支持部门员工。""如果我们迅速采取行动，即使在平均支付了 6 个月的遣散费之后，我们也能缩小差距。"这是一个艰难的决定，因为没有人想让人们离开，但最终团队同意这是最好的选择。

听起来很合理，对吗？再想想看，这支团队不知不觉地破坏了他们的预算，可能会使来年需要弥补的开支缺口翻倍。毫无疑问，该团队意识到裁员本质上会打击士气——事实上，86% 的首席财务官承认，重大的短期成本削减计划会严重影响员工的士气。然而，他们没有意识到的是，研究显示，虽然裁员的目标仅仅是 1% 的员工，但平均来说，离职率会上升 31%。

我们来算一下：假设这家公司实际上是《财富》500 强的

平均水平：5 万名员工，流失率为 16%，平均年薪为 5.3 万美元。员工离职率增长 31% 意味着，除了将被裁员的 500 名支持部门人员外，还有大约 2500 名原本会留下来的员工将选择离开。研究表明，对替换这些员工的成本（招聘、入职、培训和生产力损失）的一个大概的估计是年薪的 20%，这使得人员流失的成本超过 2600 万美元！不需要会计师告诉我们，我们也明白：花 2600 万美元来节省 1300 万美元是一笔多么糟糕的交易！

精明的读者会敏锐地指出，1% 的减员是一种持续的成本节省，而人员流动成本是一次性支出。虽然这是事实，而且在多年的时间里，裁员的回报是积极的，但该公司所寻求的任何短期影响显然都已经被破坏了。其他人会指出，并非所有的人员流动都是坏事。虽然这也是事实，但挑战在于，在那些没有被直接列入名单的人当中，你无法控制谁会离开，而高绩效员工会因为多种原因有离职风险：削减成本让人对公司的未来不再乐观，与此同时，他们有其他吸引人的机会；员工的竞争本性使得他们不愿意被解雇，所以任何对于被解雇的恐惧都会让他们想要掌控自己的命运；他们认识到，公司里的人更少并不会意味着更少的工作，相反更大的工作量可能会不成比例地落在他们身上——很少或没有额外的奖励。

人才保留和间接成本削减计划之间的关系可以把我们拉回到节食方面的类比。想减肥的时候，大多数人在面对吃一个巨无霸汉堡还是去沙拉吧的选择时，都会觉得必须选择后者。然而，在生菜上铺好培根块、熟食肉、油性调味品和蓝奶酪后，它所含的热量可能是快餐食品选项的两倍。同样地，与裁员相关的消耗就相当于那些“隐藏的卡路里”，如果领导者想成功减少管理费用，就必须考虑到这一点。

高绩效员工在公司削减成本期间离职的原因

“裁员的目标仅仅是1%的员工，
但平均来看，离职率会上升31%。”
——《哈佛商业评论》

- 想要掌控自己的命运
- 遣散费和外部机会
- 对缺乏文化变革的失望
- 额外的工作量没有更多的奖励
- 对公司缺乏激情

有什么好主意？
使用 7 个杠杆

一位在削减间接成本方面的专家发现自己被公司提名为社区交响乐团的董事。在第一次董事会会议之前，她想先听一场音乐会。当她欣赏舒伯特的《未完成交响曲》时，她做了笔记，将观察结果反馈给董事会。这些笔记围绕着她在工作中运用的 7 个效率杠杆。

需求管理：大多数听众无法区分十六分音符和四分音符的快速演奏。建议将所有音符四舍五入到最近的八分音符。

合并和集中：用圆号重复已经被弦乐器演奏过的相同段落，没有任何用处。如果去掉所有这些多余的段落，音乐会将从两个小时缩短到大约 20 分钟。

巧妙配置资源：如果上述改变到位，也可以在不影响质量的情况下使用学员和低级别的乐手。

精益管理和流程优化：在相当长的一段时间里，四位双簧管演奏者无所事事。他们的人数应该减少，可以把他们的工作分摊到整个乐团，从而削峰填谷。

技术支持和自动化：所有 12 把小提琴都在以相同的动作演奏相同的音符。这部分人员应大幅度削减，并通过电子放大器获得所需的音量。

组织结构与治理：公共演出不需要指挥出席。乐团显然是经过练习的，并事先得到了指挥的授权，可以以预定的质量水平演奏交响曲。

思维模式和能力：作曲家需要采用不同的思维模式来考虑成本控制原则。如果舒伯特解决了这些问题，他自己就能完成这首交响曲了！

这是以一种轻松的方式来说明我们建议领导者考虑的 7 个杠杆，这些是零基管理成本降低的一部分。每个杠杆节省的实际例子包括：取消现有的低价值报告（需求管理），创建共享服务中心（合并和集中），离岸外包（巧妙配置资源），工作标准化（精益管理和流程优化），支持事务性工作的自助服务（技术支持和自动化），优化管理幅度和层级（组织结构与治理），创建管理轮岗计划（思维模式和能力）。

《未完成交响曲》的建议的荒谬之处提醒我们，这些杠杆必须考虑到主体是音乐会（一致性），所有这些建议都应该在支持战略目标的背景下加以考虑——仅为解决成本问题，无疑将带来灾难性的结果！

通过杠杆降低成本的行动的例子

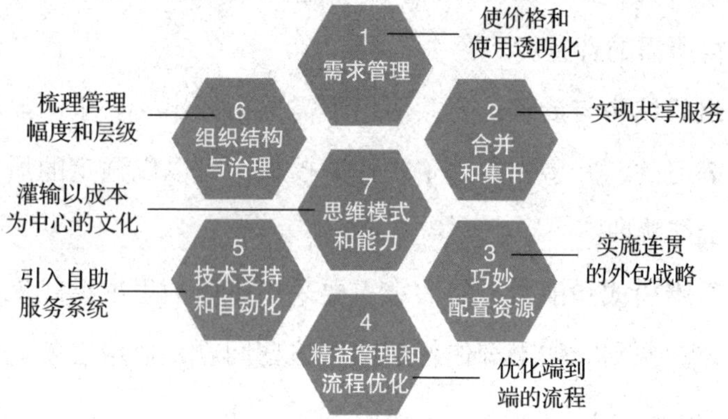

有什么好主意？

采取零基的方法

你在超市里，手里拿着本周的购物清单，到卖汤料的通道去取下一项物品。哇哦！金宝汤促销价 79 美分。显示屏上方有个牌子写着“每位顾客限购 12 罐”。现在，你会买多少罐？信不信由你，有研究可以准确回答这个问题，顾客平均买 7 罐。研究还发现，在没有购买限制的情况下，相同的售价，购物者平均购买 3.3 罐。这是怎么回事？

这就是心理学家丹尼尔 · 卡尼曼（Daniel Kahneman）和阿莫斯 · 特沃斯基（Amos Tversky）在 1974 年提出的“锚定启发式”（启发式本质上是大脑用来简化复杂问题以做出决定的一种思维捷径或经验法则，也被称为认知偏差，我们在有关决策的章节中对此进行了进一步的详细讨论）。不管锚的合法性如何，在做决定时，“锚”原则过于依赖提供的第一条信息（即“锚”）。在上述超市例子中，购物者的大脑暴露在 12 罐这一购买限制下，并向下调整。

现在让我们考虑一下削减成本的传统方法：部门经理从

他们现有的预算（“锚”）开始，并期望根据历史基线寻找成本削减。如果将“锚”替换为零会怎样？没有任何成本被认为是给定的，相反，每一项成本都必须根据它如何在公司经营的前瞻性市场环境下，对公司战略的实施做出贡献来证明其合理性。研究表明，这样做可以比传统方法平均节省 25% 的资金。

这是一个比传统的间接成本削减方式更加艰巨的过程，因为预算的每一项都要经过仔细审查，探索各种备选方案，并且每一美元都要经过批准，而不仅仅是根据基线提出的更改。然而，这样做带来的好处并不仅仅在于成本节约，以零为基础的方法还打破了围绕巨额预算的权利心态。此外，这种方式确保开支用于战略目标和职能任务，从而防止在不应削减的领域削减开支。它的全面性还确保了不会出现“挤压气球”的情况，即一个领域成本降低，但随后在其他领域产生的成本抵消了这一变化。最后，技术和分析的进步使得今天的零基方法的应用比以前的时代少了很多负担。

在一个瞬息万变的世界里，未来看起来与过去大不相同。公司的成本基础也应该如此。就像许多家庭可以在手机和在线娱乐的世界里，把他们的家庭电话和有线电视的订阅都取消一样，我们也可以找到机会通过零基础的方式减少重复的或“可有可无”的支出。

零基方法的关键特性

零基预算是……	零基预算不是……
✓ 从零开始，带着一个目标	× 以去年为基数
✓ 构建自下向上	× 在基数上增加或不增加
✓ 细颗粒度	× 看大盘
✓ 证明每一项科目合理	× 合理的差异
✓ 价格和数量驱动视角	× 仅看总成本的视角
✓ 所有支出都与KPI挂钩	× 从自身来看待支出

有什么好主意？
聪明而不是简单地解决问题

减少间接成本最常用的方法之一是调整“管理幅度和层级”，其中“管理幅度”指的是经理可以有效管理的员工数量，“管理层级”指的是科层制度里的不同层次。通用的管理智慧是，公司应该通过增加管理幅度和减少管理层次来“扁平化”（也称为“精简层级”）。可以保证的是，这种方法不仅会降低成本，还会增强责任制、授权、客户关注和市场反应能力。

如果你查阅一下最佳管理幅度和管理层次是多少，大多数文献都会告诉你，7层或8层。听起来很靠谱，对吗？再想想。用高尔夫球做类比，这就像一个高尔夫教练告诉你，“职业高尔夫球手在任何一个给定的洞击球的平均距离是90米，每次击球都用一个劈起杆（击球大约90米的球杆）。”我们已经看过了无数架构扁平化的项目，这些项目通过一个7×8的管理目标将组织串联起来，一旦领导者意识到他们被要求去做管理上的类似于在果岭上使用劈起杆的事情，就会陷入困境或放弃。哈佛商学院教授朱莉·伍尔夫（Julie Wulf）的研究证实，“扁平化可能会带来与其承诺完全相反的效果。”她指出，减少层级之后，大多数领导者最终会把更多时间花在内部（而不是客户或市场相关）问题上。决策变得更多，而不是更少，指挥和控制也是如此。

一个更聪明的调整“管理幅度和管理层次”的方法是将“管理原型”的理念融入过程中——明确地承认控制的幅度应该根据所需要的角色类型有所不同。例如，在没有工作标准和直接下属且需要学习周期才能完成的独特任务的角色中，理想的控制幅度是 3～5（这就是我们所谓的“球员—教练”角色，或者是高尔夫比喻中的推杆）。与此形成对比的是，一个角色的工作是完全标准化的，只有在例外情况下才需要干预；在这种情况下，理想的管理幅度应大于 15（这就是我们所谓的“协调者”角色，或者高尔夫球比喻中的司机）。领导者还可以扮演的其他角色有“教练”（最好是 6～7）、“主管”（最好是 8～10）和“促进者”（最好是 11～15）。

使用这种更复杂的方法，管理幅度变得更适合目标，生成的管理层次也是恰当的。此外，关于每个角色的正确原型的讨论有助于符合领导的期望，发现事情开始不平衡的根本原因，并形成进一步的成本削减的想法。聪明方法与简单方法相比，管理幅度和管理层次可以有效地减少组织的间接费用“障碍”。

管理原型及驱动因素

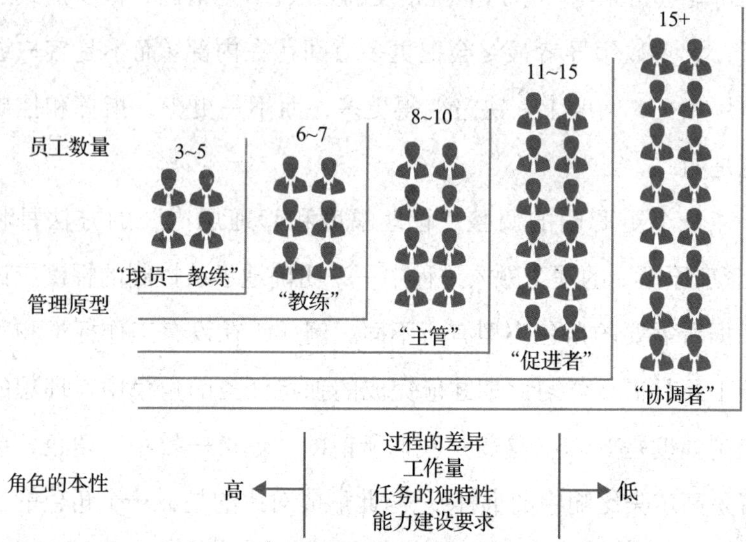
15+
11~15
8~10
员工数量
6~7
3~5
"球员—教练"
管理原型
"教练"
"主管"
"促进者"
"协调者"
过程的差异
工作量
角色的本性
高
任务的独特性
低
能力建设要求

如何实现?
遵循 5 步法则来减少间接成本

一家澳大利亚工业包装制造商面临着新的挑战。作为少数几家参与者之一，在一个相对受保护的市场中，由于多年来的监管规定发生了变化，国际竞争对手纷纷涌入，成本基础低得多的亚洲企业强势定价，导致利润率大幅下降。在最近的战略评估中，高管层一致认为，他们不会在成本上进行竞争，而是通过增值功能和服务来实现差异化。与此同时，他们知道现在每一分钱都比以往任何时候重要。他们还认识到，在间接成本方面的约束太少了，而从定价和敏捷的角度来看，严格地执行这些纪律可能会使他们的竞争力大不相同。

1. 统一目标

首先要做的是在目标上保持一致。为了帮助实现这个过程，公司的战略团队被要求对事实基础进行整合，其中包括按区域划分的总体成本、内部和外部最佳实践的标杆、竞争情报，以及公司的战略对其管理支持结构的影响。数据显示，机会比想象的还要大。由于公司家长式的文化，他们长期以来选择让低绩效的人进入职能部门，而不是让他们离开。随着时间的推移，围绕着安置这些低绩效者积累了大量冗员。而且，随着公司的发展，额外增加的打破管理幅度的职位形成了他们自己的管理结构，增加了成本和复杂性。

基于事实，高管层制定了一个大胆的目标，即减少 50% 的间接成本。CEO 抓住了其中的精髓，他说："这不是要想办法来削减我们今天所拥有的 50%；它决定了我们未来的需求，并投入今天的 50% 去实现它。"这些目标适用于所有职能部门，包括公司总部、区域和本地的所有员工，以及支持职能部门的所有人——无论他们是否专门支持该职能部门。制定指导原则也是为了确保"肌肉"得到保护，并在需要时根据战略进行建设，而不仅仅是全面削减成本。

统一目标
我们想去哪里?

成本目标：定义环境、范围、成本削减和业务改进目标

战略目标：提炼增长、运营和文化的战略需求

优点和痛点：了解关键的绩效驱动因素、能力和未来所需的人才，确定工作不顺利的地方

设计准则：将以上内容综合成具体的价值来源和指导设计的准则

2. 认识差距

成立一个由公司的高绩效员工领导的工作团队，与每个职能部门一起工作，制定详细的成本基线，阐明他们在支持新战

略方面的任务和角色，定义他们的 3～5 个最重要的“价值流”（交付支持业务的最重要结果的端到端流程），并确定成功交付的相关措施。然后根据内部和外部标杆对所有数据进行评估，以帮助确定重点的优先级。

当每个职能部门都建立了它们的基准时，就要进行完整的跨职能审核，并通过一个三步流程来捕获其开发的价值。首先，改变整体的组织结构。其次，在新的结构中对每个职能的价值流进行彻底的重新设计，去掉不必要的步骤，并尽可能多地实现自动化。最后，对重新设计的组织结构的管理幅度和管理层次进行优化，确保它们与符合目标的原则保持一致。

认识差距
我们准备好了吗?

基线：为组织的规模、形状、成本、关键能力和人才需求制定准确的基线

标杆：根据最佳实践评估当前的指标

优先级：了解关键活动，哪些活动增值，以及哪些活动可以删除

3. 明确路径

在第一步中，完全取消了区域一级的支持职能（出于法律和风险的考虑，有几个例外）。很明显，以前为打破管理幅度而设立的机构，现在已经变成了笨重的官僚小帝国。战略、控制和事务活动被放到总部中心（位于共享服务和卓越中心），对客户响应或日常执行很重要的活动被放到本地级别。新结构的实施规则已经明确，包括的内容诸如中心的角色是为整个公司进行优化（地方基地需要接受，这可能对它们而言不是最优的），以及跨职能采用一个通用的操作模型（例如，所有职能部门有一个业务合作伙伴与当地领导者对接，即使这个合作伙伴会支持多个基地）。然后用“零基”的方法来确定如何在每个职能部门中传递核心价值流。在一些领域，解决方案是将许多相关活动外包（例如薪资处理），而在其他方面，采用精益原则、技术和管理方法，导致端到端费用减少高达 80%。一旦价值流重新设计，每个职能的管理幅度和管理层次都被优化了。在与交易相关的领域，领导者扮演协调者的角色，因此被要求达到控制范围较大的标准，而在战略领域，则需要球员 / 教练的角色，因此预期控制范围较小。最后，确定了新模型的总体成本基础，发现只是现有模型的 30%。无须多言，高管层已经为下一步的实施计划开了绿灯。

明确路径
我们需要做什么？

零基结构设计：换成在任何“硬”约束条件下的最优设计；将清洁工作表与基线进行比较，以确定机会

流程：重新设计、开发，以及压力测试端到端流程，确保涉及人员的活动和数量都是合理的

零基预算：用重组作为预算的触发因素，在人员和非人事费用中从零开始进行预算

4. 采取行动

这项工作首先在 IT、财务和人力资源团队中实施，以便

他们可以更有效地运营，以支持其他职能部门的预算、角色和汇报线以及工具和系统的变化。这也意味着，公司可以提供一条更长的退出组织的下降通道：那些将被裁员的人可以申请加入临时的合同工队伍，以便在过渡期完成工作。实施阶段还要考虑到在本地层面将经历的巨大变化，确保业务或主要里程碑（如设备转换、产品介绍）的日常交付不处于风险中。

考虑到内部和外部利益相关方的需要，还制订了一项全面的沟通计划。所有的一切都基于令人信服的原因，为什么要做出改变，改变是什么，什么时候，以及新的组织模型是如何运转的，这些都被规划好了，从而让员工们踏上一段从认识到理解之旅，让他们了解到在新模型中工作的承诺和能力。他们小心翼翼地确保这一过程是公平和深思熟虑的，这样员工就能知道他们将会经历什么，什么时候经历，尤其是与裁员相关的。同时也注意确保高绩效员工享有个性化的延伸服务，让他们知道自己被重视，回答他们的任何问题，并得到反馈。

采取行动
我们如何管理过程?

推出计划：为每个计划制订详细设计的逐级计划，包括第一天的启动、路线图和团队章程

培训和沟通计划：由利益相关者制订外部和内部的沟通及培训计划，确保所有员工都知道“为什么”

治理模型：确保发起人、变化支持、指标和跟踪机制到位

5. 持续改进

在新模型的实施过程中，一个“作战室”被用来监控进展。最初测量的主要指标与完成里程碑、员工士气、人才保留和业务连续性相关。在开发过程中，还根据“服务水平协议”（也称为 SLA，即业务和职能之间关于每个价值流的成本、质量和服务水平的协议）来衡量交付情况。事实证明，不仅间接费用结构大幅度减少，而且在许多领域，其交付水平比之前的还要高。

随着执行过程中挑战的出现，他们通常是通过回到每个人在过程早期都接受的道路规则来成功处理的。中心工作组一直在一起管理着“作战室”，以确保在执行完成前有一个地方可以提高并解决问题。

规划和预算周期的第一次到来是另一个考验，如同职能部门领导者发现的，要避免陷入疆域扩张和在绩效管理上手软的旧习惯，是一项挑战。新制定的零基预算流程要求每个项目都基于业务策略（而不是查看与前一年相比的差异），这有助于形成新的习惯，即使不像老路那样舒适。

持续改进
我们如何不断前进?

执行监控：针对关键里程碑和业务及财务指标进行监控
人才管理：通过短期和长期激励，采取措施留住优秀人才
员工敬业度：确保员工得到支持，他们的担忧得到解决
业务连续性：维护关键流程、客户服务和业绩报告

在开始实施一年之后，新的结构已经就位并开始发挥作用。尽管让员工离开很难，但所有人都认为，这一过程是公平的，公司尊重那些受到影响的人，并辅助他们在外部寻找机会。此外，高管团队拥有更大的自由度，能够以更低的成本和更高的灵活性在市场中取胜。令团队感到惊讶的是，组织中较低层级的职能领导对于自己的公司被认为是费用管理方面的“最佳实践者”感到非常自豪，以至于许多人甚至与自己的团队讨论进一步引领行业的“下一个实践”可能是什么。

降低间接成本
概览

为什么重要?

- 创造价值的公司都会控制成本。
- 如果做得不好，会破坏未来的增长。
- 你失去的人才往往比你预期的多得多。

有什么好主意?

- 使用 7 个杠杆。
- 采取零基的方法。
- 聪明而不是简单地解决问题。

如何实现?

- 遵循 5 步法则来减少间接成本。

在每个步骤中，最容易被忽略的动作：

统一目标：平衡增长、文化和成本目标。

认识差距：充分理解前进所需的能力。

明确路径：设计成本重建的预警触发器。

采取行动：制订健全的利益相关者沟通计划。

持续改进：采取积极的措施吸引和留住人才。

第三部分

文化和变革

第 8 章

如何使文化成为一种竞争优势

文化
一个永恒的主题

每年都有成千上万的森林火灾，但只有少数变成了足以上头条新闻的熊熊大火。为什么？因为在大多数情况下，环境阻止了这种情况的发生——充足的降雨使树木繁茂的地区保持湿润，装备精良的消防部门随时待命，风和天气情况能被预报，等等。在每个组织中每年都有数以千计的好主意和最佳实践浮出水面，但是很少有人能像野火一样从这些传播中获得改变游戏规则的好处。为什么？因为工作环境，也就是文化，通过官僚主义、抵制改变、孤岛思维、等级行为等方式，阻止了这种事情发生。

文化到底是什么？在可观察的层面上，这是在组织中可见的共同行为和实践的模式，或者更简单地说，是“在这里做事情的方式”。然而，再往深处看，你会发现“表面之下”所共有的认知、态度、信仰和价值观，有点像冰山，无法观察，但却具有重大意义。这些是过去和现在的透镜，它会让我们了解到如何在未来生存和发展。

看看古代历史，无论是波斯人、罗马人还是埃及人，你会发现文化基础对伟大帝国的兴衰都有贡献。快进到 18 世纪，随着现代经济理论的出现，文化和绩效之间的联系被正式化了：亚当 · 斯密的《道德情操论》涉及我们现在称之为文化的很多方面。19 世纪，约翰 · 斯图亚特 · 穆勒（John Stuart Mill）等经济学家强化了这样一种观点，即个人的文化约束对他们的影响可能比个人经济利益更大。20 世纪初，德国社会学家马克斯 · 韦伯（Max Weber）对文化如何影响经济提出了更为具体的见解——他认为，新教的工作伦理反复灌输了生产力最大化所需的美德，并解释了拥有相似资源的国家之间在产出方面的巨大差异。正如哈佛大学历史学家戴维 · 兰德斯（David Landes）所言："如果说我们从经济发展史中学到了什么，那就是文化造就了一切。"

公司是由一群在一起工作的人组成的。哪里有人们一起工作，哪里就有一种文化，无论领导者是否选择影响这种文化。但这是软性的东西——相对于领导者必须使用的许多其他驱动绩效的杠杆，它到底有多重要？领导者是否有真正可靠的工具来塑造企业文化？继续读下去寻找答案吧……

文化就是这里的做事方式以及为什么这样做事

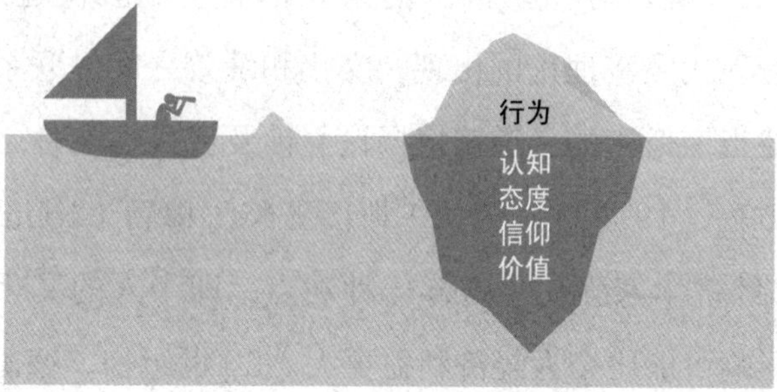

为什么重要?

文化驱动绩效

大多数领导者都不愿触及文化这个话题。有些人认为这最好留给组织心理学家。其他人只是不知道如何让它发生。还有一些人根本不相信文化能在他们的任期内产生有意义的影响。因此，他们嘴上说说这个话题，但很少像对待更具体的业务操作和战略绩效杠杆那样严肃对待它。

不幸的是，这些领导者像鸵鸟一样把他们的头埋进了沙子里。科特和赫斯克特（Kotter & Heskett）历时 11 年的里程碑式研究表明，文化强的公司在收入、股价和净收入方面的年累计增长率远远超过文化弱的公司；麦肯锡公司长达 15 年的研究表明，文化强的公司实现的股东总回报（TRS）是文化弱的公司的 3 倍。文化是企业绩效的深刻驱动因素，这一点毋庸置疑。

但事实往往不足以说服这些领导者，所以我们不会在这里纠缠。耶鲁大学教授丹 · 卡汉（Dan Kahan）的研究表明，一个人（即大多数商业领袖）的量化能力越强，在面对证明自己当前观点错误的数据时，就越有可能陷入更错误的观点中(有关这一现象的更多信息，请参阅我们有关决策的章节)！

也许用加里 · 哈默尔（Gary Hamel）和 C. K. 普拉哈拉德（C. K. Prahalad）虚构的“四只猴子”的故事来说明文化与绩效之间的联系，会更有帮助。

四只猴子坐在一个笼子里，屋顶上挂着一串香蕉，爬几步台阶就能够到。每当猴子们试图爬上台阶去吃香蕉时，就会被一股冷水挡住。几天后，猴子们放弃了。研究人员随后取下水管，用一只新的猴子代替了原来的猴子。看到香蕉，新来的猴子准备爬台阶。会发生什么呢？作为群居动物，其他猴子会在它被水喷射之前把它拉下来。这种情况一次又一次地发生，直到不久后新来的猴子也懒得去摘香蕉。在接下来的几周内，研究人员将原来的猴子一只一只地移走，用从未见过水流的新猴子取而代之。尽管再也没有什么能阻止猴子们接近香蕉，但每只新猴子总是被其他猴子拉下来。试验结束时，没有一只猴子看到过喷射的水流，但它们都没有试图爬上台阶。他们都学到了一条不成文的规则：“不要在这里抓香蕉。”

“这里做事的方式”可能会阻碍原本自然的改善业务表现的步骤，这种想法引起了大多数领导者的共鸣。

关注文化的组织相对于其他组织的表现

跨行业

拥有强大企业文化的公司，无论行业如何，其在股票市场上的表现都比平均水平高出3倍

跨公司

注重文化的公司一年后的息税前利润（EBITA）增长了9%

公司内部

文化可以解释多达50%的事业部之间的绩效差异

为什么重要？
文化难以复制

奈飞公司（Netflix）的文化宣言《奈飞文化：自由与责任》受到了全世界 1500 多万名领导者的阅读和推崇。然而，这些领导者中有多少人在他们的组织中创建了类似的“没有正式流程”的文化呢？声破天（Spotify）的“工程文化”视频也经历了类似的病毒式传播，但有多少公司成功地大规模采用了他们的敏捷方法呢？我们猜非常少——我们在文化研究中确实没有遇到过。

这与为什么丰田的精益生产体系在过去 30 年里一直是高效制造的最受关注和研究的方法，然而很少有公司希望复制丰田的方法并获得它们所寻求的回报没有什么不同。就像尽管西南航空公司的低成本航空旅行模式一直是一个又一个案例研究的主题，但大多数低成本航空公司仍然在生存线上挣扎。同样的道理也适用于丽思卡尔顿酒店如何制定客户服务标准、宝洁公司如何管理其品牌、通用电气如何在多个行业复制其商业模式，等等。

这也是为什么当一些公司从其他以业绩文化闻名的公司招聘员工时，他们往往对结果感到失望。例如，彭尼百货（J.C. Penney）挖来苹果公司零售业务负责人罗恩 · 约翰逊（Ron Johnson）为 CEO，他在彭尼百货复制苹果模式的 17 个月努力，导致营收亏损 40 亿美元，股价暴跌。

原因何在？文化本来就很难复制。就像骑自行车一样，它不能被阅读，也不能被简单地观察理解，必须要有经验。将文化与其他资产进行对比，如果有足够的时间和金钱，竞争对手可以逆向设计你的流程，获得类似（如果不是更好的话）的物理资产，并复制你的策略。更重要的是，这样做所需要的时间和金钱只会随着全球化力量、信息即时性、人才流动性、资本易得性的增强而继续压缩。

在管理学大师彼得 · 德鲁克宣称“文化能把战略当早餐吃”（culture eats strategy for breakfast）近 50 年后，文化能把战略当午餐和晚餐吃的理由也很充分！成功的商业领袖都同意这一点。用伯克希尔 – 哈撒韦公司 CEO、全球最成功的投资者之一沃伦 · 巴菲特的话来说，“我们的最终优势是，伯克希尔弥漫着一种难以复制的文化。在商业中，文化很重要。”

文化竞争优势的典型例子

公司	优势	引语
丰田	持续改进	“‘丰田方式’首先是关于公司文化的。” ——《哈佛商业评论》
SOUTHWEST.COM 西南航空	客户体验	“竞争对手可以购买有形资产，但他们无法购买文化。” ——赫布 · 凯莱赫（Herb Kelleher），西南航空前CEO
Google 谷歌	创新	“培养一种允许创新的文化是谷歌‘秘方’的关键。” ——拉里 · 佩奇（Larry Page），谷歌CEO

为什么重要?
管理不善，文化可能会毁了你

“你所在的组织的文化对绩效有帮助还是有阻碍?”我们把这个问题放在本节开头。不幸的是，事实表明，许多领导者的答案是后者。

大多数领导者都知道，只有三分之一的变革项目取得了成功。但很少有人意识到，在绝大多数情况下，不成功的原因在于文化。然而，更潜在的危险是，文化功能障碍不仅会阻碍公司抓住优势，还可能最终威胁到一个组织的生存。

文化失败的一个典型例子是安然公司（Enron)，该公司沉迷于短期回报文化，导致其发展出越来越复杂的表外融资体系，并于 2001 年根据美国破产法第 11 章破产。监管机构和立法者希望确保企业在未来避免此类大规模破产，因此实施了重大的财务和会计变革。然而，在 2008 年金融危机期间，随着雷曼兄弟（Lehman Brothers）等公司陶醉于短期回报，全球再次出现类似的崩溃时，文化又一次胜过了政策和程序。

类似的例子比比皆是。在巴克莱银行（Barclays）的 Libor（伦敦同业拆借利率）操纵丑闻中，《萨尔茨评论》（*Salz Review*）将“文化缺陷”确定为根本原因。在 2009 年通用汽车申请破产的案例中，通用汽车的核心问题被描述为“公司和工作场所的文化”。大众汽车公司的文化和其对违规行为的容忍，被普遍认为是导致其最近发生“柴油门”丑闻的原因。就英国石油公司（BP）及其 2010 年发生的深水地平线（Deepwater Horizon）灾难而言，该地区有史以来最严重的环境灾难是由该公司安全和风险文化的失职造成的。

最近，把有毒文化比作“肮脏的鱼缸水”，在管理学文献中颇为流行。如果不加以注意，最终将会证明它是致命的。然而，就像水族馆的水一样，文化也可以改变——尽管这需要齐心协力。以 IBM 公司为例，其傲慢和狭隘的文化曾将其带到了崩溃的边缘。用带领公司扭亏的前 CEO 郭士纳的话来说，“在企业转型中，修复文化是最关键且最困难的部分。”

考虑到这一点，让我们转向那些能让你在组织中进行任何必要的文化变革的好主意……

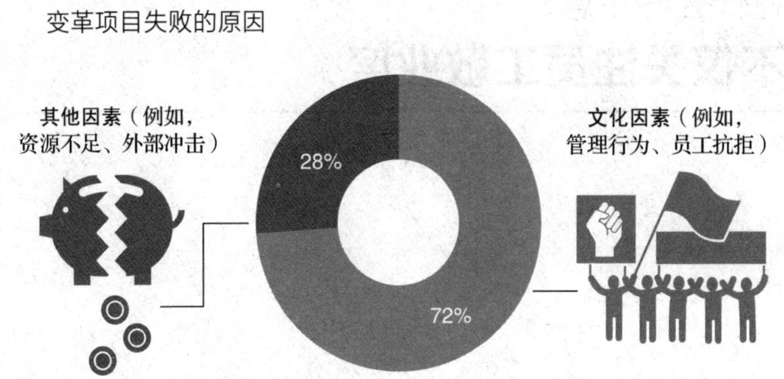
变革项目失败的原因
其他因素（例如，
资源不足、外部冲击）
28%
72%
文化因素（例如，
管理行为、员工抗拒）

有什么好主意？

不仅关注员工敬业度

“你们是怎么衡量文化的？”我们经常问高层管理者。“我们进行年度敬业度调查。”这是我们最常听到的回答。**答案是错误的**。员工敬业度调查的支持者让企业领导者相信，员工敬业度越高，企业业绩就越好。并不是他们在撒谎——他们有数据支持——而是许多支持者不知道，调查没有提供全部的真相。

我们回顾了 900 多项顶尖的学术研究，从中提炼出一整套经实践证明能够提高绩效的文化衡量标准。结果分为 9 个部分。

方向：清楚地了解组织的发展方向，以及如何实现对所有员工都有意义的目标。

领导力：领导者激励他人行动的程度。

工作环境：组织内和跨组织单位的互动质量。

责任制：个人对自己的期望的理解程度，是否有足够的权力去执行，并对交付结果负责。

协调和控制：评估组织绩效和风险的能力，以及在问题和机会出现时解决问题的能力。

能力：具备执行战略和创造竞争优势所需的制度技能和人才。

激励：具备驱动员工付出非凡的努力来交付结果的热情。

外部导向：与客户、供应商、合作伙伴和其他外部利益相关者进行接触以驱动价值的质量。

创新和学习：新思路的质量和流程，以及组织根据需要调整和塑造自身的能力。

这是一系列的重要措施。但敬业度调查不仅遗漏了广度，还遗漏了深度。上面所说的是与人体健康的生命体征——心率、血压、体重等相对应的组织体征，如果医生的报告中仅仅说“你患心脏病的风险很高”，而没有说明你可以做些什么来降低风险，你永远不会满意。同样，领导者不仅需要评估他们从文化中获得的成果，还需要实践。例如，如果一个衡量工具指出责任制较差，那么它还应该告诉你要改进哪些管理实践以做得更好：改进角色清晰度、创建更强的绩效契约、提高结果管理，还是促进更多的员工主人翁意识？结果是：衡量最重要的 9 个结果以及驱动它们的实践，而不仅仅是敬业度。

对绩效最重要的文化元素

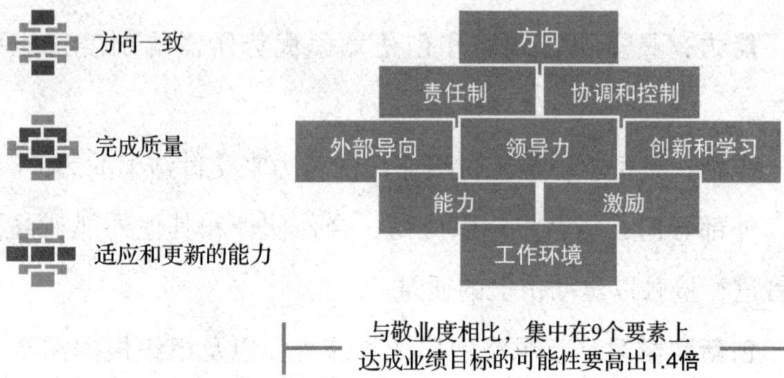

有什么好主意？

改变驱动行为的潜在思维模式

我们已经谈过了衡量文化成果的重要性以及驱动文化成果的管理实践。然而，这并不是故事的全部。改变管理实践本身很少能创造出领导者所渴望的文化变革的规模和速度。毕竟，组织不会变，人会变。

想想我们之前分享的“笼子里的猴子”的故事，结果是猴子没有爬梯子。最初导致这种结果的做法——水的冲击使得猴子从梯子上掉下来——已经改变了，然而猴子们的行为却保持不变，因为之前根深蒂固的观念依然存在：“我们在这里不抓香蕉。”

让我们举个现实的例子。想想一家希望增加销售额的银行。首先，该银行研究了其顶级销售人员与其他销售人员的不同之处，发现他们对产品集有更深入的了解，并花更多时间分析客户，以使产品符合客户的需求。了解了这一点，银行的领导们随后制订了一项变革计划，旨在为普通销售人员提供更多的产品知识，并为他们提供工具和激励，让他们提出更多分析问题。这个项目大张旗鼓地推出，付出了巨大的努力和高昂的成本……但销售改善甚微。

为什么？好问题。银行应该这样问：为什么在同一个组织系统中工作，一些销售人员会选择更多地了解产品，花更多时间分析客户？我们来帮助银行回答这个问题，这归结为两种潜在的思维模式：一般的销售人员相信，“我的工作是给客户他们想要的”；而高绩效的销售人员相信，“我的工作是帮助客户理解他们真正需要什么”。同样，表现一般的人坚持黄金法则“以我希望的方式对待客户”，而不是白金法则“以客户希望的方式对待客户”。

一般的销售人员没有意识到他们所做的基本假设，也没有意识到还有其他的假设可以让他们更好地为客户服务。当这些问题被提出来并让人们选择相信什么时，改变几乎是瞬间发生的。工具和信息，以前被推送给销售人员时是不成功的，现在被积极地运用并付诸实践，这使得接下来的一年里，交叉销售增加了 43%。

发掘思维模式并不像人们想象的那么难——有很多面试、卡片分类和文本分析工具可以快速找到问题的根源。当领导者将这些方法付诸实践时，人们就会完全理解爱因斯坦（Albert Einstein）的那句名言：“我们不能用创造问题的思维方式来解决问题。”

忽视思维模式的危险：知识共享的例子

Ⓐ 为了改变这种状况，领导者通常会建立大型的知识管理系统……

Ⓑ 令人失望的是，这样的系统从来没有以一种有意义的方式使用……

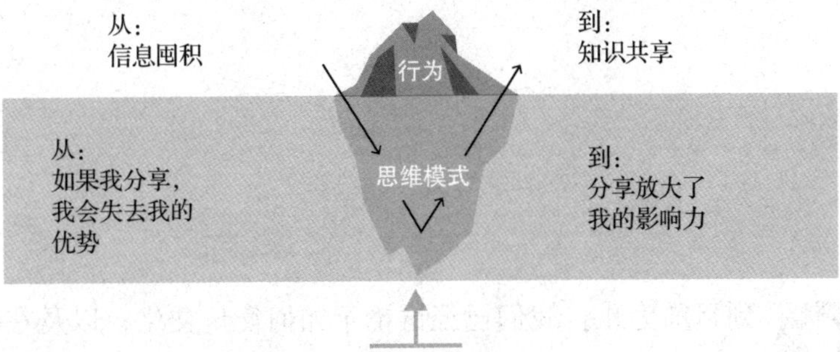

Ⓒ ……因为思维模式没有改变（如果有正确的思维模式，就永远不需要新的系统）

有什么好主意？

使用 4 种有较高影响力的手段来完成工作

到目前为止，我们已经讨论了如何衡量文化，以及在关键的管理实践变化和潜在的心态变化上精进的重要性，这些变化将释放绩效。但你能做些什么来改变这种文化呢？

举个例子，假设你是绝大多数相信“跳伞不值得冒险”的人之一，并且我们想要改变你的思维方式。如果我们实施以下措施，会怎么样呢？

令人信服的故事：我们会将 100 万美元捐给你选择的慈善机构，然后给你提供可靠的数据来证明跳伞受伤的概率比每天开车受伤的概率低得多。

强化机制：如果你这样做，你的奖金今年将增加 10 倍；如果你不这样做，奖金将被扣发。我们保证你将拥有世界一流的安全设备，包括一个自动备用降落伞。

信心与技能：世界跳伞冠军会在你跳伞前给你上一些深度的课程（包括一些模拟练习），并缓解你可能有的潜在恐惧。

角色示范：你的老板、你的两个同事、你的直系亲属和你最亲密的朋友会和你一起做。更重要的是，你身边的人已经这么做了——而且很喜欢！

你现在愿意从一架完美的飞机上跳下去吗？过去 100 年的行为心理学和认知心理学认为，你很有可能这样做。社会科学告诉我们，这是领导者可以用来改变心态和行为的 4 种手段。

许多领导者想知道哪种杠杆最重要。尽管研究表明存在一些差异，但经验显示，它们都很重要。如果在这 4 个方面不经过深思熟虑地设计，这样的文化可能会造成弊大于利。想象一下，当高管们乘坐公司商务机四处参加轻松的外部会议时却追求注重成本的文化；或者在激励机制强化个人能力时推动合作；或者要求前线人员具有更强的风险文化，但没有为他们提供使他们能够这样做所需的培训。在这些情况下，除了不断增加的挫折感和犬儒主义之外，什么也没有取得，而这些挫折感和犬儒主义助长了对未来变革的抵制。

成功的文化变革工作不会与其他业务改进工作并行实施，而是与它们完全整合在一起。这种情况的实际表现通常是，任何要求投资的业务都必须明确地指出使用这 4 种措施中的每一种将产生的文化影响。

当集中精力在这 4 个方面，并且主要交付工具是通过业务改进工作时，其带来的影响可能比大多数领导者所预期的要更快。我们看到，大公司在 18 个月内从文化效率的倒数四分之一上升到最好的四分之一，然后保持并改善这些结果。

4种影响手段，以及它们在多大程度上提升了文化变革成功的概率

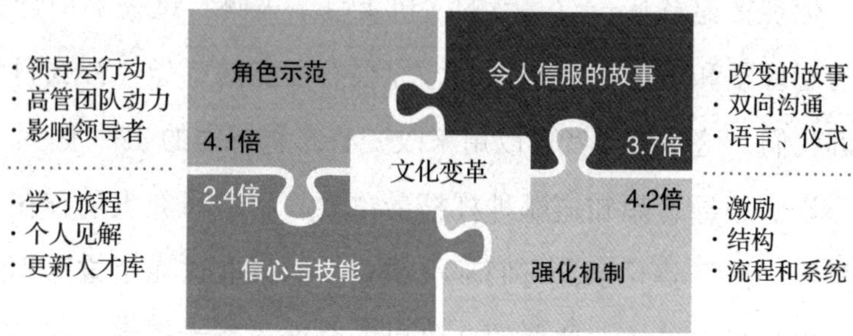

在前面的章节中对这些元素进行了详细的描述

如何实现？

遵循 5 步法则来影响文化变革

以一家大型设备制造商为例。该公司拥有令人自豪的技术创新历史，是市场上仅有的几家公司之一。面对来自传统和非传统企业日益激烈的竞争，以及不断变化的市场环境，他们发现自己在业绩和资本战、人才和影响力方面都落后于其他大型工业企业。当他们渴望重新获得领导地位时，他们认识到，以官僚主义和自满为主的企业文化将是一个重大的阻碍，而且他们认为，企业文化变革的潜力不仅是业绩的加速器，也是公司难以复制的竞争优势。

1. 统一目标

该公司着手充分了解自己目前的状况，以找出干预的最高杠杆点。公司首先对其 9000 名管理人员进行了组织健康指数（OHI）调查（OHI 在结果和实践层面衡量了本章中描述的文化的九个元素）。结果并不令人惊讶——对全球 OHI 数据库和行业同行的基准测试都显示，他们的绩效文化处于第三个四分位数的水平。尽管他们仍在制造伟大的产品，但他们让这一切变得更加困难。

通过使用 OHI 的预测分析引擎，研究人员对调查结果进行了分析，以确定哪些关键的管理实践将对改善企业文化从而提高绩效产生最大的影响。在这家公司的例子中，最需要彻底检查的前三个是：捕捉外部想法、角色清晰和持续改进。

在过去，敬业度调查的方法是要求每个领导者查看自己的数据，并自己决定什么是重要的。然而，如果企业文化在发生变化，公司必须共同关注同样的优先事项，因此高管团队就一致认同在这些领域携手共进。

统一目标
我们想去哪里?

共享语言：选择要处理的文化模型和词汇表，将主题从抽象转换到具体

基线：使用定量和定性基准来理解你的起点，即与绩效相关的九个维度的结果和实践

战略需求：关注对未来业务绩效影响最大的文化元素

2. 认识差距

随后，进行了超过 50 次的心态和行为访谈及焦点小组讨论，以了解为什么聪明、勤奋、善意的领导者没有做好这些事情（以及少数做得好的领导者有什么不同）。研究发现，有三种核心心态是问题的关键：

他们在专业产品上的成功经验导致了“我们是无与伦比的”

的思维模式，造成了短视的产业框架，对竞争对手（尤其是对非传统领域的竞争对手）的低估，以及过度自信。

他们以工程师为中心的员工队伍形成了一种“用过程解决问题”的思维模式，随着时间的推移，这种思维模式导致了过程和流程的激增，使得人们几乎不可能知道谁可以对什么做出最终决定。

他们引以为豪的渐进式创新历史导致了一种“我们必须取得巨大飞跃”的思维模式，这种思维模式导致了全新设计的大量涌现，忽视了再使用和标准化的显著绩效潜在效率。

认识差距
我们准备好了吗？

优势和劣势：确定你想保持的优势，以及如何利用它们来解决劣势

根本原因和心态：理解导致员工行为方式的思维模式，并考虑如何重新构建这些思维模式

参与模式：确定如何以及何时让组织参与流程（高层团队、广泛的领导者联盟、变革推动者、所有员工）

3. 明确路径

为了改善最重要的实践并改变潜在的思维模式，针对改变的手段创建了一个稳健的计划，确定了各项努力的顺序，并决定了治理内容和措施，以确保能够有效地进行管理。整个计划有很多页，计划中的一些亮点如下。

角色示范：高管团队收到关于他们个人和团队行为与目标实践和思维转变的 360 度反馈，并从高级别团队中选出 30 位

变革领导者。

讲故事：编写了一个精彩的变革故事，描述了为什么、为什么是现在、是什么、如何做以及涉及谁。制订计划不仅是为了讲述这个故事，而且是为了确保组织中的每个人都参与进来，并了解计划对他们和他们的团队意味着什么。

强化机制：建立了一套特战队方法，以迅速明确和修正在高价值领域决策权不明确的地方。目标被重新设定，以与同行相比较，而不仅仅按绝对价值计算。激励机制进行了调整，以体现增量收益的重要性而不仅仅是高远的创新。

技能和信心的建立：除了从领先的企业寻找能够带来持续改进的专业知识的外部人才外，还计划全面改革公司的领导力课程，以推动期望的企业文化。

明确路径
我们需要做什么?

角色示范：为CEO、高管团队和有影响力的领导者确定一个清晰的行动计划

讲故事：创建一个精彩的变革故事、一组语言标记和总体沟通计划

强化机制：确定对结构、流程、系统和激励机制的必要调整

技能和信心的建立：为每个部门员工制订一个计划，使用实地和论坛的方法，并根据需要引入新的人才

4. 采取行动

该计划是在前300位管理者参加的场外会议上发布的，在那里，许多领导者都接触到了统一目标和认识差距阶段的调查

结果，以及在明确路径阶段汇总的计划草案。会议由高管团队主导，变革领导者也扮演着重要的角色，所有参与者都被授权对计划提出改进意见。会议的重点是“这对我和我的领域意味着什么”。调查结果非常受欢迎，许多领导者表示，“最终，我们讨论的是真正阻碍我们前进的东西！”

在接下来的两个月里，这个外部启动会引发了整个组织的互动——以一整天的互动为中心，清晰地阐述了变革故事，并引发了对话，围绕着“文化聚焦领域如何帮助我们获得进一步的绩效”“我们将怎么做（使用可用的四种手段）来获取价值”“我们将如何对自己负责”等议题。这些会议还包括与目标文化相关的 360 度反馈，以便参与者能够反思并公开承诺自己将做出哪些改变。

同时，在产品开发和供应链功能方面开展了整合文化变革和绩效改善的试点项目。该方法随后被复制到其他主要业务活动中，定期监测进展情况，并根据需要调整工作。公司的沟通不断加强期望，并指出成功的经验和教训。

采取行动

我们如何管理过程?

业务规划工程：确保每一个主要的业务计划在其运行方式中反映出所需的文化

个性化：确保关键的领导群体形成深刻的个人承诺，以实现文化变革

支持职能：使用项目管理办公室（PMO）监控和管理从意识到承诺到制度化的过程

病毒式传播：培养自下而上的思想发展和最佳实践分享

5. 持续改进

随着时间的推移，新的仪式开始了——其中之一是使用一张绿黄牌来当场指出好的和坏的行为（类似于在足球比赛中给“黄牌”）。黄色一面是“过去”的心态：“我们是无与伦比的”“用过程解决问题”“取得巨大飞跃”。绿色一面是“未来”的心态：“我们有竞争力”“通过人来预防问题”“每一步都在进步”。

此外，那些加入本组织的人被宣贯到所期望的文化中。从招聘、入职、培训，到晋升和奖励标准，一切都强化了这一点，因为这些新入职者被视为在“照镜子”方面扮演着重要角色，以检验改变是否真的发生了。

为了衡量进展，该公司考虑了传统的“脉搏”调查。调查有十个问题。前六个问题设计的目的是了解在这三种目标管理实践中所取得进展的绝对（有多少）和相对（经历了多少变化）情况。最后四个问题是问员工，他们认为这四种方式在多大程度上影响了他们想要的思维方式转变。然而最终，他们采用了一种“实时”的方法——组织健康指数，这些员工轮流只接受其中一个问题。这意味着他们有一个连续的文化脉搏，同时最小化了调查的负担。

持续改进
我们如何不断前进？

仪式：将文化强化行为嵌入日常生活和沟通机制中

人才管理：将期望的文化注入人才管理流程（如招聘、入职、发展、晋升标准、评估、认可和庆祝）

持续监控：继续使用定性和定量指标严格度量文化

两年后，他们开始了新的旅程，公司重新进行了组织健康指数的调查，涵盖了所有 9000 名管理人员。正如人们所希望的那样，差异是巨大的——与全球组织健康指数数据库和他们的同行相比，他们现在处于前四分之一。然而，考虑到该公司的基调已明显转变，这并不意外：员工们为自己所取得的持续改进成果感到自豪，竞争指标在整个员工队伍中点燃了一股新的动力之火，角色清晰度的提高消除了在重要问题上的决策障碍，在原先停滞不前的领域创造了一种真正的动力感。更重要的是，领导者们现在已经看到并认识到，如何利用文化杠杆作为商业行为的强大推动力，通过明确灌输文化干预的业务规划所带来的卓越成果来推动。

文化
概览

为什么重要?

- 文化驱动绩效。
- 文化难以复制。
- 管理不善，文化可能会毁了你。

有什么好主意?

- 不仅关注员工敬业度。
- 改变驱动行为的潜在思维模式。
- 使用 4 种有较高影响力的手段来完成工作。

如何实现?

- 遵循 5 步法则来影响文化变革。

在每个步骤中，最容易被忽略的动作：

统一目标： 衡量重要的结果和实践。

认识差距： 强有力地重塑当前有限的思维模式。

明确路径： 尽早接触 / 动员有影响力的领导者。

采取行动： 为关键的领导群体做出个人改变。

持续改进： 将期望的转换注入人员流程。

第 9 章

如何领导整个组织的转型变革

9

转型变革
一个永恒的主题

从历史上看，毫无疑问，你会找到大量关于变革的重要性的引述。古代哲学家赫拉克利特（Heraclitus）宣称，“唯一不变的就是变化。”近代历史人物拿破仑 · 波拿巴（Napoléon Bonaparte）宣称，“我们必须改变……如果一个人希望保持他的优势。”政治家约翰 · 肯尼迪（John F. Kennedy）说，“变化是生活的法则。那些只看过去或现在的人肯定会错过未来。”

“生存下来的不是最强大或最聪明的人，而是那些最能管理改变的人。”这句话通常被归功于查尔斯 · 达尔文（Charles Darwin），但实际上他并没有这么说——这句话的来源是莱昂 · C. 梅金森（Leon C. Megginson），路易斯安那州立大学管理学教授，他在1963年撰写的对达尔文著作分析的文章中的一部分。我们认为，这句话的真正来源的揭示只会放大它，而不是减轻它的分量。这句话从它最初发表的地方《社会科学季刊》的页面上流传开来，变得如此普遍［包括在加州科学院

（California Academy of Sciences）总部的石头地面上的显眼位置，最初归属于达尔文的说法后来被移除了]，见证了它对人类体验的深刻共鸣。

1947 年，德裔美国心理学家库尔特 · 勒温（Kurt Lewin）开发出了构建变化过程的首批模型之一。勒温的三阶段过程包括“解冻”（拆除防御机制）、“移动”（朝向预期的变化）和“冻结”（稳定新的性能水平）。在过去的 70 年里，勒温的工作建立在无数的变更管理模型的基础之上，但是所有模型的核心都是试图解决勒温的观察，即“向更高级别的团队改变，（组织）绩效的变更通常是短暂的，在‘一针强心针’之后，团队生活很快就会回到以前的水平。”

帮助领导者在组织层面（不仅仅是个人或团队层面）推动快速、重大和持久的变革，这一概念是我们如何看待变革的基础。一个流行且贴切的比喻是毛毛虫变成蝴蝶。但是为什么这种变化是一种“转换”，而从水到冰的状态的变化却不能达到这个目的呢？有两个特性在起作用：首先，整个生物体已经从深处被永久地改变了——不能再回去了！其次，它的变化方式赋予了它更大的行动自由，以及在环境中生存和发展的能力。如果你想让你的改变带来的不仅仅是一个更大、更模糊的毛毛虫，请继续读下去……

转型变革在整个组织的绩效中提供了一个可持续的阶段性变革改进

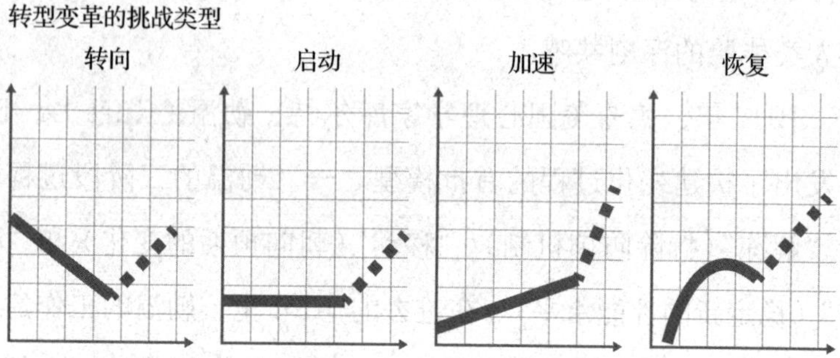

为什么重要?

转型变革是通向伟大的路径

许多关于变革的讨论都是从可怕的统计数据开始的，这些统计数据显示很少有转型项目取得成功。虽然这确实是真的（我们很快就会分享这些），但是我们对实现变革的好处更加兴奋。本着这种精神，励志演说家乔尔·巴克（Joel Barker）有句名言：“没有行动的愿景只是梦想，没有愿景的行动只是消磨时间，有行动的愿景可以改变世界。”转型变革将愿景与行动精确地联系起来，它使企业能够为客户、员工、股东和所在的社区去改变世界。

就财务结果而言，最近一项对全公司转型项目的研究显示，成功转型项目的股东总回报（TRS）平均较市场增长 40%，息税前利润（EBIT）是转型开始时的 4.3 倍，投资资本回报率（ROIC）是转型开始时的 2.8 倍，所有这些都是在转型启动后的 36 个月内实现的。

大多数人会从传奇的转型故事这一角度来看待转型变革：无论是史蒂夫·乔布斯（Steve Jobs）在苹果公司面临倒闭之

际对其进行的重塑，安妮 · 马尔卡希（Anne Mulcahy）将施乐公司（Xerox）从破产边缘拉回来的大胆的“回归基本”策略，还是拉维 · 康德（Ravi Kant）对塔塔汽车（Tata Motors）命运的剧烈逆转。就像好莱坞大片一样，这些公司都面临困境，利益相关者的抨击来得又快又猛烈。然而，不知何故，在某种程度上，巨大的力量被召唤出来，大胆的冒险得到了回报。瞧，世界冠军诞（重）生了！当然，每一个故事都有其独特的复杂性和插曲，但它们都是关于如何成功地让一家公司重现昔日辉煌。

然而，大多数领导人面临着不同的挑战。这里指的不是让公司扭亏为盈，而是吉姆 · 柯林斯（Jim Collins）所说的“从优秀到卓越”，他们必须在形势好的时候找到创造转型的路径。在这些情况下，保持相同的思维和行为水平的惯性很强。当然，今天不采取行动可能会导致缓慢的衰退和最终的危机局面。但从另一方面来说，转型的变化是艰难的，业务的日常工作必须执行，同时业务必须从根本上进行重新思考和改变。更重要的是，成功是完全不确定的（毕竟，“如果它没有坏，为什么要修理它”）。在这个范围的另一端，是苹果公司的蒂姆 · 库克（Tim Cook）和通用电气的杰夫 · 伊梅尔特（Jeff Immelt）所面临的那种挑战——如何将一家处于行业巅峰的公司提升到一个全新的水平，我们称之为“从伟大到更伟大”的转变。

不管面临什么样的挑战，目标都是伟大的，而实现这一目标的领导者可以被认为是伟大的领导者。

在一个成功的转型项目开始后的 36 个月，平均绩效得到了提高

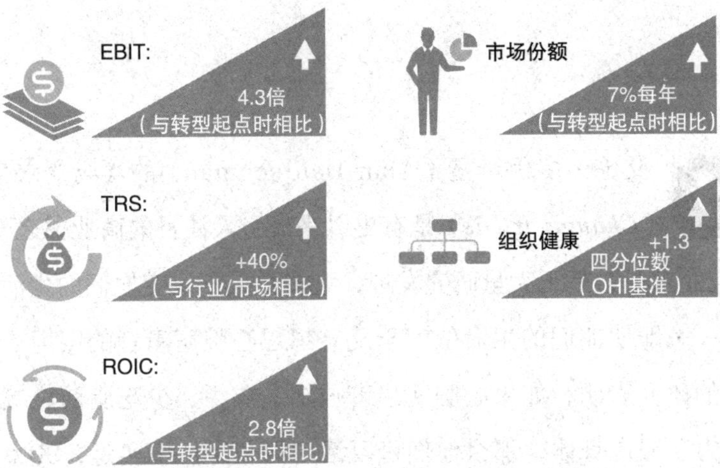

为什么重要？
“应变求生”是真的

艾伦 · 多伊奇曼（Alan Deutschman）的《应变求生》（*Change or Die*）是有史以来最引人注目的商业书之一。《应变求生》基于大量研究发现，大多数人不改变他们的生活方式……即使他们的生命依赖于此。想想心脏病患者的困境，多年的研究表明，如果心脏病患者戒烟、戒酒、少吃脂肪、减轻压力、锻炼身体，那么他们可以活得更长。但事实是，90% 的因心脏病接受手术的人在两年内会恢复不健康的生活习惯。

人如此，组织也是如此。我们之前已经讨论过在危机中激发变革的好处——但事实是，即使生存受到威胁，组织通常也不会做出这种转变。泛美、百视达、英国利兰、雷曼兄弟、世通、康柏、通用食品、安达信和数字设备公司，这些都是曾经的标志性企业无法阻止自己陷入破产或收购的例子。

在今天家喻户晓的名字中，哪一个将在 10 年或 20 年后不复存在？随着劳动力人口结构的巨大变化，技术的范围、规模和经济影响的加速，资本流动的复杂关联，以及资本市场、消费者信心和政府政策的波动性和不可预测性的增加，没有哪一家公司能够想当然地认为生存是理所当然的。正如管理思想家加里 · 哈默尔（Gary Hamel）所言，“随着用来保护现有企业不受创造性破坏力量影响的壁垒不断瓦解……一旦大公司过度依赖客户无知、分销垄断、知识不对称，以及其他快速消失的经济摩擦来源，它们就会越来越发现自己处于守势。”

即使这并不意味着一家公司的终结，市场领导者的地位也越来越不稳定。想想看，一家典型的标准普尔 500 指数（S&P 500）成分股公司的平均存续期是多久？1958 年的平均存续期是 61 年；到 1980 年，这个数字只有 25 年；快进到 2011 年，这一数字下降到了 18 年。标准普尔 500 指数成分股公司在这 10 年里每两周就会被替换一次，这意味着在未来 10 年里，大约 75% 的成分股公司将被取代。

还需要更有说服力的例子吗？看看 20 世纪最受欢迎的两本管理图书《追求卓越》和《基业长青》中展示的公司吧，你会发现，只有三分之一的公司仍然表现出色，大约 50% 的公司在苦苦挣扎，其余的已经不复存在。当然，所有这些数字部分是由宏观经济力量、行业吸引力和纯粹的运气所驱动的，但是对于那些生存下来并蓬勃发展的公司来说，一个好的战略和驱动组织范围内的变革并实现变革的能力无疑是成功的关键。

在标准普尔 500 指数中一家公司平均存在多久

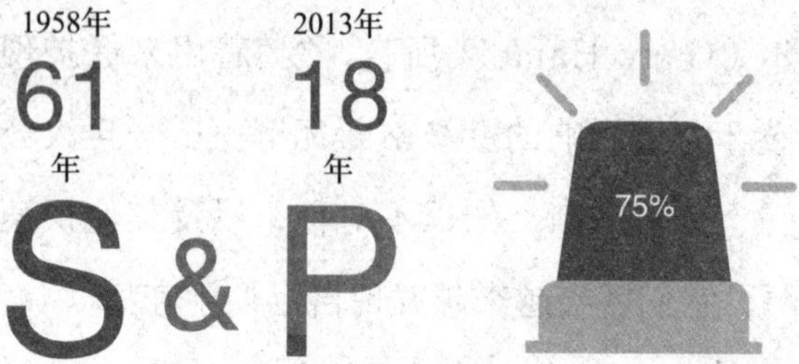

2017年标准普尔500指数成份股中的公司将不会出现在2027年标准普尔500指数成份股中的百分比

为什么重要？

有一种行之有效的方法可以使成功的概率加倍

人们中彩票的概率并不大，但令人震惊的是，在美国，人们花在彩票上的钱比花在书本、电子游戏、录制音乐、电影和体育赛事门票上的钱加起来还要多。如果有一种已被证明的方法可以使一个人中奖的概率增加一倍以上，人们会在意吗？会的！有一个令人忧虑的数字，在美国人的一生中，死于车祸的概率十分高——113 人中就有 1 人死于车祸。如果有一种行之有效的方法能将死于车祸的概率减半，你会想知道吗？我们对此表示怀疑。

我们已经确定，当涉及能否大规模地进行变革时，组织既有巨大的优势，也有巨大的劣势。但是做正确的概率通常是多少？在 1996 年的国际畅销书《领导变革》中，约翰 · 科特（John Kotter）分享了当时研究最透彻的答案：只有 30% 的公司能够领导有效的变革计划。从那时起，众多学者和组织进行了类似的研究，并发现了相似的结果。更重要的是，尽管自从科特提出如何克服困难的建议以来，已经有超过 25 000 本关于组织变革的图书问世，而且数百家商学院已经将变革管理纳入了它们的课程，但令人吃惊的是，在过去 20 年里，这种可能性并没有提高。看起来，尽管有大量的输出，但变革管理领域并没有带来更成功的变革计划。

如果有一种方法可以让你作为一个领导者战胜变革的困难，你想知道吗？我们希望如此！事实表明确实有这样一种方法，使用它可以将变革成功的概率从 30% 提高到 79%。此方法论是该领域迄今进行的最广泛研究工作之一的结果，包括：对 1500 多个全球组织的 300 多万名雇员的问卷调查；对 900 多本关于变革主题的图书和顶级文章的研读；举办 100 多场跨行业变革领袖圆桌论坛；在 100 多家公司实地测试专业工具和技术；密切关注 30 位 CEO，因为他们引领了多年的变革之旅。

我们并不是说变革是容易的。借用 C.S. 刘易斯（C.S. Lewis）的话来说，“毛毛虫要变成蝴蝶也许很难，但对它来说，学会没有翅膀的飞翔则是一幅令人愉悦的景象。”然而，我们要说的是，有一种可靠的方法，可以为贵公司创造翅膀，使其能够展翅飞翔——这就是我们现在要谈的好主意。

领导转型变革的常见陷阱

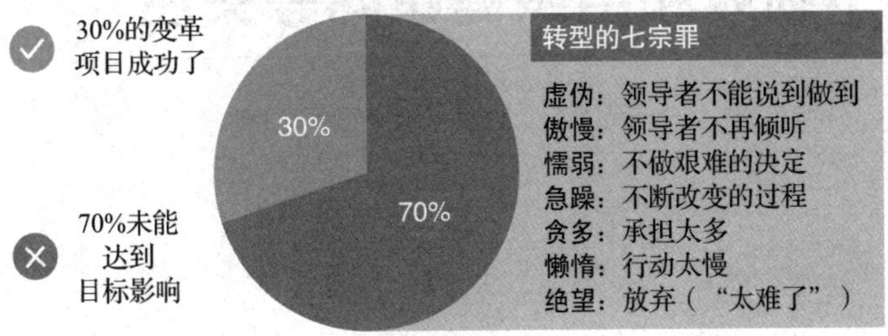

有什么好主意？

给予绩效和组织健康同等关注

1996 年，美国电器制造商阳光公司需要转型变革。自 1994 年 12 月以来，它的收益一直在下降，股价下跌了 52%。阿尔·邓拉普（Al Dunlap）是一位久经考验的转型“艺术家”，他在类似的情况下接管了斯科特纸业（Scott Paper）和皇冠制品（Crown Zellerbach）等公司，迅速对它们进行重组，使它们盈利，并将它们出售——这让股东们非常高兴。他的声望如此之高，以至于在被任命为董事长和 CEO 后，公司股价上涨了 49%。

邓拉普很快开始工作——建立一个新的管理团队（只保留原来的一个成员），实施大规模裁员以降低成本，并使产品组合合理化。他的迅速行动得到了回报，股票价格在他上任的头 7 个月里上涨了 284%。在削减成本之后，邓拉普宣布了一项增长战略，重点放在 5 个核心产品类别、增加客户细分和服务差异化上。该公司股价飙升至他任期开始时的 3 倍多。

在担任该职位 18 个月后，邓拉普宣布完成了转型，并聘请了一家投资银行来寻找买家。但这一次，不同于他之前的经历，没有任何买家愿意出手。具有讽刺意味的是，该公司的股价涨得如此之高，以至于破坏了他出售该公司的计划。邓拉普现在只得管理他扭转过来的公司。1998 年年初，阳光公司开始出现重大亏损，6 月份，邓拉普成为下一个被裁掉的人。

阳光公司的故事是转型变革中的一个警示，因为它说明了当管理层专注于推动企业业绩与改善组织健康出现不平衡时，可能会发生什么。在推动变革时，大多数领导者自然会被业绩及其杠杆所吸引：我如何在财务和运营方面为股东和客户带来影响？简而言之，我们将这些问题称为“购买、制造、卖出”问题——与如何购买更好 / 更便宜的原材料、将其制成更好 / 更便宜的产品或服务，以及如何更有效地向市场销售有关。

同样重要的是对组织健康的关注——确保组织不仅保持阶梯式的变化，而且随着时间的推移能不断改进。我们将与组织健康相关的问题称为“统一、执行、更新”问题：如何在“需要做什么”以及“为什么需要这么做”等这些问题上使组织保持一致，严格执行，减少人际摩擦，而且能更好地装备组织，使其随着时间的推移而自我更新，比竞争对手更快？

我们使用了绩效和组织健康这样的术语，但其他人可能更喜欢使用技术和适应性、硬和软、右脑和左脑、操作和文化、业务和行为等术语。无论你选择何种词语，底线是如果你同时关注这两个方面，你的变革努力所取得的成功将会大得多——

纵向研究表明，这一结论是正确的，这样做比只强调其中的一个会增加 1.82 倍可持续的影响力。

我们所说的绩效和组织健康是什么意思

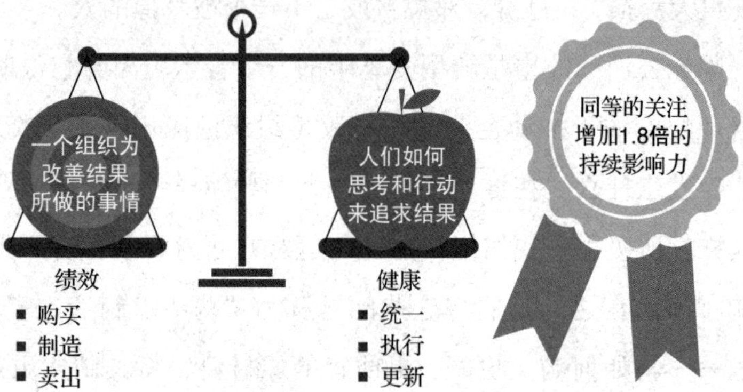

有什么好主意？

应用“5 个框架”的方法

把绩效表现和组织健康放在同等重要的位置上，大多数领导者都有同感，但 81% 的人表示，他们不知道这意味着他们应该做些什么。答案是使用“5 个框架”的方法。这种方法采用了我们推荐的“5A”方法来进行更改，我们在本书中一直使用这种方法，并在每个步骤中提供了一个绩效框架和一个组织健康框架。因此，总共有 5 个绩效框架和 5 个组织健康框架，如果严格应用，它们将释放组织范围内的转型变革。

第 1 步，统一目标：这个阶段回答“我们想去哪里”这个问题。首先，它设定一个战略目标和具体的绩效目标（绩效框架 1）。然后，它确定需要哪些健康 / 行为改变才能实现影响（健康框架 1）。

第 2 步，认识差距：在制订实现目标的计划之前，首先要问一个问题，“我们准备好了吗？”这就确定了需要填补的制度能力缺口（绩效框架 2），并揭示了少数关键的根本原因，即思维模式转变，这些思维模式转变将开启期望的行为改变（健康框架 2）。

第 3 步，明确路径：所有这些都是关于“我们需要做什么才能达成”的具体业务计划（绩效框架 3），以及如何重塑工作环境（通过角色示范、讲故事、技能和信心的建立，以及正式的机制）来影响思维模式（健康框架 3）。

第 4 步，采取行动：通过试点和扩大计划（绩效框架 4）动态地管理实施过程，并通过持续沟通、变革领导者行动、监控 / 审查、授权等为变革生成能量（健康框架 4）。

第 5 步，持续改进：这一步通过嵌入持续改进的基础架构（绩效框架 5）和确保领导能力的掌握，将工作从转型计划的一部分过渡到日常运作，从而推动公司向前发展（健康框架 5）。在转型变革过程的最后提到，领导力是通过明确使用第 1 步～第 4 步作为领导力发展加速器而建立起来的，在第 5 步，这种能力已经准备好释放出来了。

这听起来可能有很多事要处理——确实如此！我们不为此道歉，因为我们认为它遵守爱因斯坦的法则，一切都应该尽可能简单，但不能过于简单。

转型变革的 5 个框架

转型步骤	绩效框架	健康框架
统一目标：我们想去哪里	战略目标	健康目标
认识差距：我们准备好了吗	能力平台	潜在的思维模式
明确路径：我们需要做什么才能达成	投资组合计划	影响力模型
采取行动：我们如何管理过程	交付方式	能量生成
持续改进：我们如何不断前进	持续改进	集中的领导力

细心的读者会意识到，变革带来的组织健康方面的变化与我们在第 8 章中所涉及的内容有很大的重叠。因此，更多的细节可以在第 8 章里找到。

有什么好主意？

理性对待非理性

诺贝尔奖得主、圣达菲研究所联合创始人、物理学家默里 · 盖尔曼（Murray Gell-Mann）曾说，“想想看如果粒子能够思考，物理学将会多么困难。”他的观点抓住了改变方程式中人性一面的重要性和复杂性。这正是系统地以与绩效同等严格的态度处理组织健康问题对成功如此重要的原因。然而，大多数领导者发现，他们在解决人为因素方面的“教科书式”的努力并没有抓住要点：信息被发送，但没有人听到；行动被误解；激励会产生意外后果。

其中的原因呢？“变革”物理学中的“粒子”（也就是你的员工）不只是能够思考……他们的行为经常是非理性的。这就是为什么即使是最聪明、最勤奋、最善意的领导者也很难解决变革方程式的核心所在。然而，也有一线希望，由于社会科学家的研究，我们可以在许多领域预测人类的非理性行为。知道这一点，聪明的领导者可以利用非理性来加速而不是破坏他们花在变革上的努力。

看看丹尼尔 · 卡尼曼（Daniel Kahneman）的一个试验，这个试验涉及一种扭曲的彩票运行。一半的参与者被随机分配了一张彩票。剩下的一半人得到一张空白的纸，并被要求在上面写下任何他们喜欢的数字。就在中奖号码被抽到之前，研究人员提出从持有者手中回购彩票。他们想要回答的问题是，那些“自己写号码”的人比随机收到号码的人需要多支付多少钱。理性的答案应该是没有任何区别，因为彩票是纯粹随机的（每一张彩票，无论是手写的还是赠送的，都有相同的概率）。他们到底发现了什么？无论地理位置或人口统计数据如何，他们必须向写下自己数字的人支付至少 5 倍的费用。

推动转型变革的领导者应该从中吸取什么教训？如果你想提高执行的动力（从而提高执行的速度），那么让其他人参与制定战略是有好处的，即使在领导者的心中答案可能已经很清楚了。

可预见的非理性的例子还有很多。我们在前几章中也提到了其中的一些，比如公平过程相对于公平结果的重要性（例如“最后通牒游戏”），关注激励效益的优势和劣势（例如两支保龄球队），以及人们如何认为这正是自己在寻找的改变（例如我们对“自利偏差”的处理）。

随着行为经济学的出现，经济学领域已经发生了转变，这让人们更加了解人类的非理性行为。是时候在变革管理实践中进行同样的转变了！

社会科学对转型变革的重要启示

你最好让别人书写他们自己的故事（相较于被动告知，人们自己创造会获得5倍的主动性）

能激励你的东西不一定能激励别人（80%的人的动机和你不同）

流程公平很重要（如果流程缺失，员工往往会违背自己的利益，即使结果是公平的）

金钱是最昂贵的激励方式（小的、意想不到的奖励会激发更强烈的以行动回报的欲望）

以优势为基础比解决弱点更能让你受益（通过利用有效的方法，你可以获得两倍以上的效果）

影响者并不如你所料（60%的领导者误判了他们组织中的非正式影响者是谁）

要求员工提高，而不是成为最好（大多数人认为他们已经做得很好了，是其他人需要改变）

如何实现？
遵循 5 步法则来转型

一家拉丁美洲的保险公司陷入了困境。由于监管的原因，该公司之前在全国市场上享有的特权地位正在消减，竞争公司正在利用新技术抢占特定高利润产品类型的市场份额，而客户购买模式正转向该公司没有强大影响力的直接渠道。在亏损的第 2 年之后，股东选出了新的 CEO，其任务是推动整个组织的转型变革。

1. 统一目标

第一步是面对事实。在 8 周的时间里，对公司的竞争地位、客户趋势、股东期望、成本基准（内部和外部）以及监管和技术趋势的潜在影响进行了深入的评估。该公司还通过使用 OHI（组织健康指数）调查对自己的健康状况进行基准测试，进行访谈和焦点小组讨论，并在绩效薪酬、人员流动率和复杂性等领域进行有针对性的分析。

这一事实基础最终形成了一个由专业人士推动的“镜像研

讨会”，在这里，高管团队根据他们当前的状态进行调整，并挽起袖子，共同为未来设定一个愿景。这一愿景被描绘为“5—3—1”：在5年的时间内，在盈利能力、客户服务和雇主选择方面成为行业第一；他们还确定了3种管理实践——优先级、授权和责任——它们将提高组织的健康程度，使变革尽可能高效、有效率和可持续。

统一目标
我们想去哪里?

战略目标
- 理解环境和基线
- 确定机会领域
- 设定总体目标

健康目标
- 创建共享语言和基线
- 建立相关的健康目标
- 与高管团队保持一致

2. 认识差距

在接下来的8周内，对实现总体目标具有重要战略意义的能力被识别出来，然后根据技术、管理和行为系统的要求诊断出每项能力的当前状态。为了确保没有高估，评估中包括了第三方的观点。最后，将构建这些功能的选项放在一起。同时，采用了专门的面试技术和定性数据分析来揭示员工的潜在思维模式，这些思维模式解释了为什么员工选择延续不正常的管理实践。

所有的发现和建议都是由高层团队在第二个研讨会期间深入研究的，这个研讨会持续了一天半。会议结束后，与会者完全达成共识，认为应在以下 4 个领域优先考虑能力建设工作：管理代理的生产力、风险调整后的定价和承销、细分市场直接渠道产品供应以及精益成本管理。更重要的是，有 3 种思维模式被认为是聪明、勤奋的员工在某种程度上都认同组织功能失调，但他们却“串通一气”，让自己日复一日地工作的根本原因。具体包括：“失败不是一种选择”（与“成功是愿意接受快速的小失败的另一面”相比），“批评破坏关系”（与“诚实建立信任”相比），“努力工作并注意细节”（与“影响并专注于重要的事情”相比）。

认识差距
我们准备好了吗?

能力平台
- 定义能力需求
- 评估当前状态
- 优先考虑是什么，什么时候，怎么做

潜在的思维模式
- 优先考虑需要的行为改变
- 确定根源理念
- 重组优势以解决劣势

3. 明确路径

在这一点上，高管团队希望建立一个更广泛的领导联盟，按照上述方向“让他们自己写彩票”。在与公司 50 位最高领导者为期 2 天的充满活力的研讨会上，同一目标阶段和评估阶段的结果被内化和重新定义。然后，这个大团队进行了一项练习，将未来 3 年（总共 15 年）的潜在绩效计划划分优先级，并通过角色建模、讲故事、建立技能和信心，以及正式机制（结构、流程、系统和激励机制的更改)、头脑风暴和选择高影响的行动来改变思维模式和行为。

在研讨会结束后，各小组的领导者对潜在的计划进行了充实，明确了范围、潜在影响、责任、衡量机制、粗略的预算和资源需求、相互依赖关系和主要里程碑。这些举措包括重新设计索赔管理流程、创建移动端渠道、出售非核心业务、降低管理成本、升级承保和关键客户管理能力、在汽车领域创建新产品组合，等等。

与此同时，还采取了其他与组织健康有关的行动，形式是创造引人注目的变革故事，进行持续的宣传沟通运动，从而使领导力标准现代化，以反映绩效和组织健康愿望，并改变绩效合同、奖励办法和将它们联系在一起的管理程序。最后，确定了一组变革领导者（利用优雅简单的电子邮件链方法来确定影响领导者），并制订了他们的动员计划。

明确路径
我们需要做什么才能达成？

投资组合计划
- 范围改进计划
- 平衡投资组合中的风险、困难和影响
- 考虑相互依赖的序列

影响模型
- 撰写变革故事
- 建立广泛的领导联盟
- 在正式机制中计划变革

4. 采取行动

在与高管团队和50位高级领导者的最后一次研讨会上，

设计完成了，之后在有 500 位管理人员参加的 2 天的工作坊上启动项目。工作坊的目的是使参加的管理者通过“镜子”查看绩效和组织健康，回顾一下到那时为止所发生的所有事情的一个缩微版本，从而理解并内化将期望与项目组合和相关的文化变革计划联系起来的过程和决策。这个会议是围绕着变革故事的各个章节建立的——我们是谁，为什么我们需要改变（而且为什么是现在），我们要去哪里，我们将如何到达那里，这对我们来说意味着什么，为什么这很重要。

会议结束后，在接下来的 1 个月里该公司的转型计划被传达给了 4 万名合作伙伴。没有精心制作的幻灯片演示，相反，在每个环节之前，公司会发送一份带有完整的变革故事的“预先阅读作业”，这样，当各个单元的人聚在一起时，他们就已经阅读过的内容进行对话——领导者回答问题，参与者讨论这对他们的领域有什么影响 / 他们如何才能做出最大的改变，然后反思并彼此做出各自的承诺，这些承诺与他们将如何领导一线人员有关。

项目组合在 3 个“300 天”的周期内执行，第一个包括旨在恢复盈利能力的举措，第二个是关于获得增长动力的举措，第三个重点是加速成为第一。根据计划的性质，使用了多种部署方法，最常见的是推出试点并培训前线领导人员，然后以几何比例扩大工作规模。尽管直线负责人有着明显的中心特性，但一个 5 人的 PMO（项目管理办公室）团队有效地确保了工作的协调，并且可以在整体项目层面进行监控和审核。“变革领袖”和一个非常有效的沟通项目，旨在庆祝成功的举措并通过各种可能的渠道（包括每月与所有领导者进行虚拟互动“CEO聊天”）分享经验，有效地激发并保持了活力。

采取行动
我们如何管理过程?

交付方法
- 测试、学习和扩大主动性
- 实施直线领导的治理
- 建立PMO以支持和启用

能量产生
- 传达并强化变革故事
- 动员变革领导者
- 为组织健康制订绩效计划

5. 持续改进

随着该公司进入为期300天浪潮的最后阶段，他们已经实现了许多目标，并开始将他们的努力从推动变革转向将他们的方法演变成一种永久性的工作模式，这种模式将实现每年持续的改进。建立流程是为了使基层业务改进计划能够迅速凸显出来、获得资金支持并得到执行。变革领导小组的成员不断更新，由代表每个主要领域的持续改进冠军组成。PMO被缩减，相关的目标设定和监控方法直接建立在正在进行的战略和年度预算过程中，并建立了卓越中心，以确保获取和共享知识。

也许最重要的是，在项目的整个过程中，一线的每一位管理人员都参与了一个与项目工作相结合的领导力发展领域和论坛。此外，虽然领导者拥有额外的技术技能，但体验课程主要侧重于改变个人的思维方式和行为，发现和创造意义，通过重构将挑战转化为机遇，建立关系网络，在不确定性面前积极主动，管理精力和时间（“中心型领导者”模型的所有方面）。这些属性现在渗透到文化中，并被构建到组织的学习、发展和角色建模的构造中。

持续改进
我们如何不断前进？

持续改进
- 设置CI期望
- 确保最佳实践共享
- 实施组织学习流程

中心领导
- 利用转型来培养领导者
- 采用“现场和论坛”技术
- 识别并提升下一代领导者的技能

项目开始 3 年后，令领导团队和股东高兴的是，公司不仅恢复了盈利能力，成功地推动了增长，而且在所有目标领域都取得了第一的市场地位。投资回报率为两位数，利润率健康，市场份额强劲。更重要的是，公司的未来看起来很光明，因为在组织健康指数（OHI）数据库中，公司的健康状况不仅排在前四分之一，而且排在所有公司的前 3%。

转型变革

概览

为什么重要?

- 转型变革是通向伟大的路径。
- “应变求生”是真的。
- 有一种行之有效的方法可以使成功的概率加倍。

有什么好主意?

- 给予绩效和组织健康同等关注。
- 应用“5 个框架”的方法。
- 理性对待非理性。

如何实现?

- 遵循 5 步法则来转型。

  在每个步骤中，最容易被忽略的动作：

  统一目标：从第一天起就建立广泛的领导联盟。

  认识差距：对优势与劣势予以同等关注。

  明确路径：为组织健康制订绩效计划。

  采取行动：挖掘员工的 5 个意义来源。

  持续改进：识别并提升下一代领导人员的技能。

第 10 章

如何成功地过渡到一个新的领导角色

10

领导交替
一个永恒的主题

1929 年，黑色星期二，美国股市经历了历史上最严重的崩盘，标志着影响所有西方工业国家的 10 年大萧条的开始。1929～1932 年，美国股市下跌 85%，全球 GDP 下降了约 15%（2008～2009 年的“大萧条”时期，全球 GDP 下跌了 1%），国际贸易暴跌超过 50%，在一些国家，失业率上升高达 33%。

这就是富兰克林 · D. 罗斯福（Franklin D. Roosevelt）继任美国总统的背景。他在历史上最著名的就职演说中宣告，“除了恐惧本身，没有什么能吓到我们”，并开始了他非凡的“前 100 天”。4 个小时后，他的内阁宣誓就职。在 24 小时内，他关闭了银行系统并起草了《紧急银行法》。不到 1 周，银行系统就恢复了运转，金融恐慌得到了遏制。在接下来的 3 个月里，通过了 15 项立法，通过了农业信贷、联邦工程项目和新的金融监管等“新政”，重塑了美国。与此同时，他在定期的“炉边谈话”广播中直接向全国发表讲话。

罗斯福过渡的速度和确定性与古代的尤利乌斯 · 恺撒

（Julius Caesar）遥相呼应。尽管恺撒最出名的是他的军事征服，但用普林斯顿国际经济学院前主席马丁·阿姆斯特朗（Martin Armstrong）的话来说，“在击败所有竞争者之后，恺撒于公元前 46 年回到罗马，开始了大规模的经济改革，这让罗斯福上任后头 100 天的任何成就都相形见绌。”恺撒的行动范围从改革劳动力市场和司法系统到进一步发展教育和医疗保健，处理贸易赤字，并制定了一个新的日历。Veni，vidi，vici（我来了，我看见了，我征服了）。确实如此！

这只是历史上发生过的无数领导转换中比较著名的两个，只要组织存在，类似的事情就会继续发生。每一次领导交替都伴随着不确定性。新领导人会发现并抓住前任未能抓住的机会吗？他们会把时间花在正确的地方吗？他们会组建正确的团队吗？他们所做的改变是可持续的吗？他们会培养出一个称职的接班人吗？等等。最终，问题归结为一个：他们会成功还是不会成功？

如今，仅在《财富》500 强企业中，CEO、CEO 的下属和他们下属的下属级别加起来就有大约 8000 个高管的更替。如果你将我们对过渡期的定义看作是领导者和他们的组织为一个共同的结果而全力工作的时间，那么做好过渡的商业价值是显而易见的。领导者越快达到充分的生产力，那么他产生的生产力规模就越大，创造的价值就越多。如果你想顺利实现过渡，或者确保你的组织能最好地支持领导者履新，那么请继续阅读……

一个领导者处于过渡阶段，直到他和他的组织朝着一个共同的结果全力工作

为什么重要？

领导层交替事关重大

你转换到一个新的高管职位，你感觉如何？当然，在回答这个问题时，语境非常重要。你是在接受一个新设立的职位吗？你是在接替一个特别软弱的领导，还是一个特别强势的领导？你是来自公司外部还是区域公司？这是一次大的晋升还是横向调动？是在你熟悉的商业领域还是职能领域？是否有一个通知期，让你在接受这个角色之前做好准备，还是一个突然的变动？你和你的老板和团队之间是否已有关系？如果有，这种关系的本质是什么？

不管来龙去脉如何，从情感和商业的角度来看，高管交替都是一件有代表性的高风险事件。从情感上来说，对于领导者而言，他们既有兴奋（比如，在一个新的 / 更大的舞台上有所作为的可能性，指导和培养新一代人才的机会，增强的自尊，以及因为被选中而获得的更大回报），也有忧虑（比如，面对陡峭的学习曲线，他们会有更高的期望、更强烈的关注、更高的复杂性，以及自我怀疑）。事实上，当被要求按困难程度对生活中的挑战进行排序时，排名最高的挑战是“在工作中做出转变”（排在处理丧亲之痛、离婚或健康问题等生活事件之前）。对于那些任命领导人员的人来说，他们既希望自己做出了正确的选择，又担心自己做错了。对于领导者的组织中的那些员工来说，过渡会带来不稳定的不确定性，比如“这对我意味着什么”。

在商业方面，如果转换成功，那么从长远来看，领导者的事业有很大的可能是成功的。例如，10 个团队中有 9 个团队的领导者被认为成功地完成了过渡，进而实现了他们的 3 年业绩目标。此外，他们团队的人员流失风险降低了 13%，他们的团队表现出的自主努力水平提高了 2%，他们创造的收入和利润比平均水平高出 5%。从反面看，直接向一位在转型过程中遇到困难的领导者汇报工作的员工的表现，要比向一位高绩效领导者汇报工作的员工的表现低 15%。更重要的是，这些领导者不投入或离开组织的可能性要高出 20%。

除了生产力损失之外，还有非常直接的转换成本。这些成本因环境的不同而有很大差异，但通常包括广告和搜索成本、入职奖金、推荐奖金、人力资源专业人员和流程中涉及的其他领导的总开销，以及前面提到的生产力损失。综合起来，对于高管人员，这些成本估计高达该职位年薪的 213%。也许最严重的惩罚是在竞争还在继续的时候，却失去了推动组织前进的 6 个月、12 个月或 18 个月。

成功和不成功的高管转换的影响

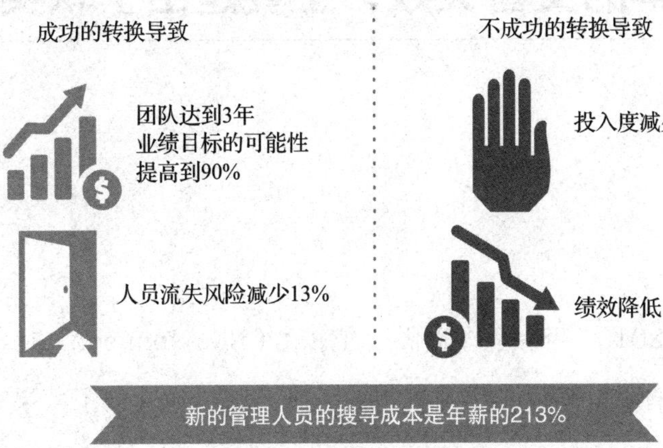

为什么重要？
近一半的交替失败，主要是由于软实力

2010 年年底，罗恩 · 约翰逊（Ron Johnson）是苹果的明星高管。作为零售业务副总裁，他开创了苹果零售店和天才吧的概念。在苹果任职的 10 年之前，他曾担任塔吉特百货（Target）销售副总裁，并因此名声大噪。他拥有斯坦福大学的本科学位和哈佛大学的 MBA 学位，是一位久经考验的高管人才，在职业生涯中多次成功转型。2011 年 11 月，美国连锁百货公司彭尼百货大张旗鼓地聘用了他，接任了此前 7 年一直担任 CEO 的迈克 · 厄尔曼（Mike Ullman）。

约翰逊彻底改革了这家连锁店，停止了打折活动，并将其门店改造成时尚品牌精品店的集合体。他的计划惨败。16 个月后，2013 年年初他被解除职务时，彭尼百货销售额下降了 60 亿美元，股价下跌了 51%，公司裁员 4 万人，背负着巨额债务。2013 年 4 月，迈克 · 厄尔曼被重新任命为首席执行官，以扭转公司遭受的损失。

虽然大多数高管转型并不像约翰逊失败得那么惨重，但研究显示，从两年后的情况看，27%～46% 的高管转型被认为是失败的，或者表现不如预期。请记住，这些都是高层领导者，他们在之前的工作中已经展示了成功，显露了智慧、主动性和成果。为什么会这样呢？研究结果显示得很清楚：68% 的转换会在与文化、人员和政治相关的问题上出错，67% 的领导者希望他们在改变文化方面能走得更快，而领航组织政治被领导者列为所面临的头号转型挑战。这不仅仅是外部招聘高管面临的问题：79% 的外部招聘高管和 69% 的内部提拔高管报告说，实施文化变革并非易事。

但在约翰逊的案例中，这难道不是战略的失败吗？毕竟，他因为取消折扣而激怒了节俭的老客户，也没有赢得新客户。与此同时，他开始着手重新配置商店。前人力资源负责人丹 · 沃克（Dan Walker）对此有不同看法，“我认为在金钱方面的策略是正确的。我们永远也不知道如果我们把那些商店转型成设想的样子，结果会怎样。”约翰逊本人也注意到，他的精品店中店战略时至今日仍产生着影响。正如《财富》杂志所报道的，“约翰逊在很大程度上把失败归咎于公司停滞不前的文化，说人们固执己见，抵制他。”前首席运营官迈克 · 克莱默（Mike Kramer）也同意这一点，他认为，从文化上讲，“从第一天起，就像油和水一样”。约翰逊处理软事务的方式对事情没有帮助。正如《财富》对他的领导风格的报道所言，“批评，不管正确与否，都会给你贴上怀疑论者的标签。”

对于转型期的领导者而言，明智的做法是听从领导力教练马歇尔·戈德史密斯（Marshall Goldsmith）的劝告，“把你带到这里的东西，不会把你再带到那里”，尤其是在软实力方面。

软实力如何影响转换成功率

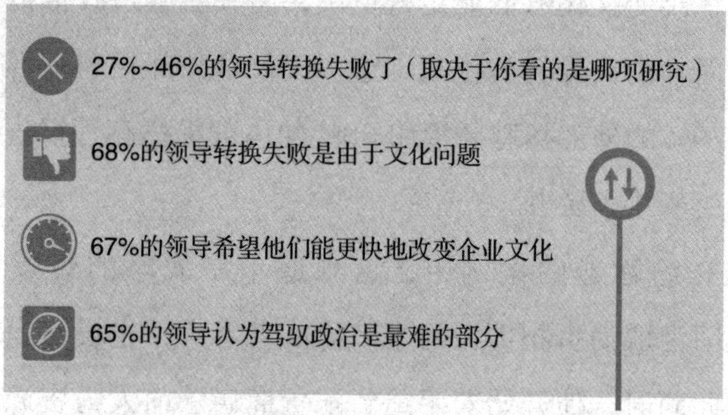

为什么重要?

交替的频率在上升，但获得的帮助很少

鉴于商业世界不断加快的步伐和规模的变化，不难发现高管人员的交替比率正在上升。从最高层开始，CEO 的流动率从 2010 年的 11.6% 上升到 2015 年的 16.6%。在这些新 CEO 中，有 69% 的人在上任两年内重组了自己的管理团队，导致了一系列高级别职位的交替。最近的研究显示，67% 的领导者表示，相比过去一年，他们的组织现在正经历着“一些或更多”的领导转换。

如此多的领导转换，如此多的价值岌岌可危。每个公司都必定会优先支持这些领导转换以确保他们成功吗？事实并非如此。在美国只有 29% 的领导者，全球范围内是 32% 的领导者，认为他们的组织在转换过渡中恰当地支持了新领导者，74% 的美国领导者和 83% 的全球领导者认为他们在上任之前准备不足。正如行政首长协调会（CEB）所言，“大多数组织处理新领导层交替的方式，与许多组织处理并购的方式相同——将其视为一次性事件……典型的非系统性的‘放手’式过渡方法，在很大程度上依赖于新领导者对他们的转换的自我管理。”然而，大多数领导者在职业生涯中只经历过几次职位转换，所以对他们来说，每次职位转换更多的是艺术而不是科学。

那么，组织如何支持成功的领导转换呢？研究表明，最常见的方法是提供辅导或非正式的“伙伴”网络。然而，只有 47% 的外部招聘的高管认为这些方法有用，只有更少的 29% 的内部提拔的高管认为这些是有帮助的。另一种最常见的支持方式是通过标准的入职培训计划，只有 19% 的外部招聘高管和 11% 的内部提拔高管认为这种方式有效。有一些方法被证明可以使成功转型的可能性翻倍，比如定制的同化计划和流程，以及定制的高管培训，但只有 32% 的组织提供这些方法。当被问及未来提供哪些组织支持计划时，排名第一的回复是提升对人力资源业务合作伙伴的期望，以发挥支持作用。当然，问题在于，人力资源业务合作伙伴报告称，他们已经满负荷工作，无法对转换需求给予更多关注。

如果你是一名正着手提高生产效率的运营经理，当生产线上的产品有 29%～47% 存在缺陷，你就会赶忙去解决问题。同样的逻辑也适用于高管的过渡，尤其是考虑到潜在带来的好处时。继续读下去，找出“该做什么”和“怎么做”……

高管人员转换频率和支持的指标

更多的职位转换

今天CEO流动率
比5年前高出43%

67%的领导者比过去
经历了更多的职位转换

太少的支持

不到1/3的领导者认为
他们的组织适当地支持
职位转换中的领导者

大约3/4的领导者
表示，他们对自己
的角色转换准备不足

有什么好主意?
同时对 5 个领域进行评估并采取行动

被公认为西班牙语最伟大的作家的米格尔·德·塞万提斯（Miguel de Cervantes）曾经写道："做好准备是成功的一半。"当你要过渡到一个高级领导者角色时，我们同意这种说法。那另一半呢？另一位著名的西班牙艺术家毕加索（Picasso）说得很好："行动是成功的根本。"的确，我们建议领导者用两个同等重要的步骤来考虑他们的角色转换：首先，评估现状；然后，采取行动。根据我们的经验，这两个步骤应该跨越以下 5 个维度。

业务/职能：你是否清楚地了解当前的绩效和能力状态（评估现状），你能否就未来的期望和优先事项使你的团队和组织达成一致并动员起来（采取行动）？

企业文化：你是否了解企业文化的当前状态和为开启未来业绩所需要的任何转变（评估现状），以及你是否用你和你的团队可用的所有措施来影响这些转变（采取行动）？

团队：在技能方面，你的团队配置合适吗？你的团队成员和工作结构是否合理（评估现状），你是否已经开始了一段结构化的旅程，以打造一个高绩效团队（采取行动）？

自己：你是否已经做了自己需要做的事情来提高速度，设定界限，考虑你想在这个职位上留下的遗产（评估现状）？你是否明智地花时间去扮演只有你自己才能扮演的角色（采取行动）？

其他利益相关者：你是否了解你的职责和主要利益相关者对你的期望（评估现状），你是否已经建立了一个有效的工作节奏和与主要利益相关者的关系，以连续形成他们的观点（采取行动）？

小心这些问题的通用性答案，因为每个领导者的出发点都不一样。对一些人来说，他们的作用将主要是保持和稳步改善前任在每个方面留存下来的东西；对另一些人来说，将需要在所有方面进行转型变革；而对其他人来说，将是前述两种情况的混合。举个例子，有一条几乎是不言自明的建议，CEO 应该替换掉 50% 的团队成员，使之成为“自己的团队”。事实上，72% 的 CEO 接管了表现不佳的公司，66% 的 CEO 接管了表现良好的公司。然而，这样做的好处各不相同。接管那些表现不佳的公司的 CEO，这样做其股东总收益增加了 0.8%，而接管那些表现良好的公司的 CEO，这样做则破坏了价值。每个领导者都需要把合适的团队聚在一起，但如何做到最好，则取决于具体的情况。

同时管理这 5 个重点领域并不容易。就像顶转盘一样，如果速度太慢，盘子就会失去动力，碎在地上；如果速度太快，它们就会失控旋转飞出。但如果做对了，则会获得巨大的成功。

在评估现状和采取行动时需要解决的问题

	评估现状	采取行动
1. 业务/职能	当前的状态、趋势和机会	在愿景和优先事项上保持一致
2. 企业文化	当前的状态，期望的转变	使用4种举措来产生影响
3. 团队	正确的人员和配置	变成高绩效团队
4. 自己	我的期望，达到标准	扮演只有我能做的角色
5. 其他利益相关者	理解并完成任务	富有成效的节奏与关系

有什么好主意？

清楚你不做什么和你会去做什么

当雷富礼（Alan G. Lafley）于 2000 年 6 月执掌宝洁公司时，这家全球消费品巨头正苦苦挣扎。他的前任在 4 个月内发布了 3 次盈利预警，宝洁成为道琼斯工业指数中表现最差的公司。关于雷富礼在其任期的头 5 年里为公司利润增长 70%、收入增长近 30% 所做的事情，人们已经写了很多，但他的成功更多源自他所终止的事情，而不是他所开始的事情。他和他的高管团队严格筛选了 4 个核心业务，并从 100 多个国家中挑选出 10 个国家。他迅速终止了近 2 亿美元的“臭鼬工厂”实验技术项目，并结束了地区营销活动等。

雷富礼总结了他的人生哲学：“让芝麻街的方向变得简单，这样才能被更广泛地理解……同时也要清楚你不会做什么，需要停止什么……大多数人、大多数公司不喜欢做选择，他们尤其不喜欢做一些必须面对的选择……如果我们发现有人在做我们说过不会做的事情，我们就会削减预算和人员，让他们重新关注我们说过我们要做的事情。”他的理念与苹果公司前 CEO

史蒂夫 · 乔布斯惊人地相似。管理思想家吉姆 · 柯林斯指出，伟大的公司在“要做事项”清单（“to do”list）的基础上，会创建一个“停止做事项”清单（“stop doing”list）。

根据我们的经验，担任新职位的高管最常见的一个陷阱是，他们对自己领导下的方向是什么很清楚，但对于不是什么并不清楚。为什么？因为接下来的情况是这样的：员工听到新方向是什么，首先重新调整他们已经在做的事情，以显示其适应新方向；接下来，他们把推出小项目的机会看作促进目标的一种方式……这样做会使组织超负荷地进行原本出自好意但却异常分散的工作。随着计划列表的膨胀，影响力会减弱，领导承诺会减弱，动力也会丧失。事实也证明如此。成功的领导者比其他人更有可能明确地表达出他们对“什么该停止，什么该开始”的期望。

处在过渡时期的领导者“评估现状”时，明智的做法是询问其他人希望看到什么变化或不希望看到什么变化，但也要明确地问什么应该放缓、推迟或停止——无论是计划、会议、流程步骤、报告还是仪式。当他们“采取行动”的时候，他们不仅要清楚什么时候该停止，什么时候该开始，而且要持续采用一种来自“好管家”世界的哲学：一进一出。如果你的衣橱里要放进一件新衬衫，那么应该扔掉哪件旧衬衫以腾出空间？类似地，当提出一个新的计划时，问题不仅仅是“商业案例是什么”，还应该问“我们将停止做什么来腾挪出时间、金钱、资源，并专注于做好这件事”。

“停止做事项”清单的影响

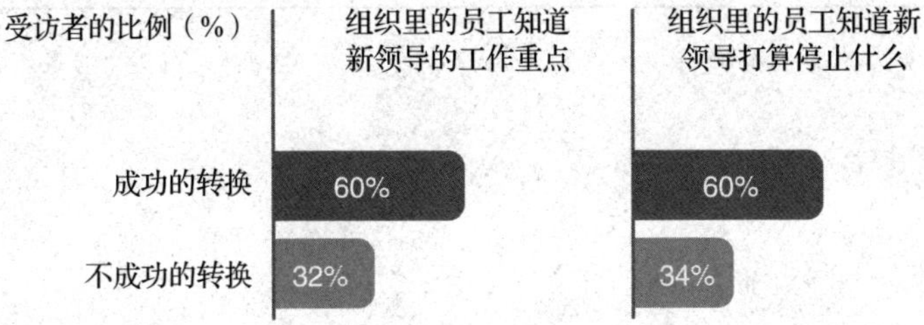

“我对我们做的和我们不做的一样自豪。”
——史蒂夫·乔布斯，苹果公司前CEO

有什么好主意？

忘记“100 天”：影响力驱动，而不是日程驱动

你刚从罗马搬到墨西哥城。为了庆祝，你正在为一群新朋友做晚餐。不幸的是，事情没有按计划进行——意大利面没有煮熟，面包干了，甜点外面太硬，中间太软。你没有考虑到你是在比平时高 2200 米海拔的地方做饭，较低的空气压力，使得食物需要更长的时间来烘烤，水在较低温度下沸腾，并且气体将更多地膨胀。第二天你去晨跑，你通常 30 分钟能跑完 6 公里，但今天你只能跑 5 公里。怎么回事（不是你前一天晚上吃多了）？在高海拔地区（含氧量低），这已经是你最好的表现了。

一件事需要多长时间取决于环境。由于所有的情境变量都要考虑进来，因此对于一个过渡期的领导者来说，他们要达到充分的生产力状态所需要的时间各有不同。然而，如果你在亚马逊上输入“高管转换”，你会发现一份令人生畏的书单，上面列出了 90 天和 100 天的成功计划。它们传达了同样的信息：

作为一名领导者，你只有一段有限的时间来达到充分的生产力状态，如果你不能及时完成，你就完蛋了。这样的方法可能有助于良好的营销，但其实没有证据支持。实践中，大多数新领导（92% 从外部招聘的和 72% 从内部提拔的）需要 90 天以上的时间才能达到最高的工作效率。更重要的是，许多高管承认，他们至少花了 6 个月的时间才实现真正的影响力（62% 是外部招聘，25% 是内部提拔）。

以从外部向内看的视角来观察人们的期望，证实了最开始的 100 天只是一种人为的安排。例如，对于新任 CEO，利益相关者通常会期望他们在头 8 个月寻找新的战略愿景，并给他们 14 个月的时间让他们的新团队就位，而预计股价上涨的时间更长，为 19 个月。但这并不意味着新任领导者应该等待行动。例如，72% 的领导者希望他们在团队中走得更快。此外，领导者应感到过早采取行动的压力。超过一半的高管反映，他们没有花足够的时间来评估个人领导力的优缺点，也没有把思考个人运营模式作为过渡期的一部分。

过渡时期“前 100 天”的概念通常与美国总统富兰克林 · D. 罗斯福有关，我们在本章开始时分享了他的故事。具有讽刺意味的是，当他创造出这个词时，他指的并不是他的权力交接，而是他让国会在没有休会的情况下开会 100 天，以通过大部分新政立法。通用电气公司 CEO 杰夫 · 伊梅尔特总结了领导者们的终极结论：“在很多方面，所有这些关于前 90（或

100）天的书都是垃圾。”继续往下读，理解相比于日程驱动，影响力驱动的方法如何更有可能让你的转换成功……

成功的领导转换需要多长时间

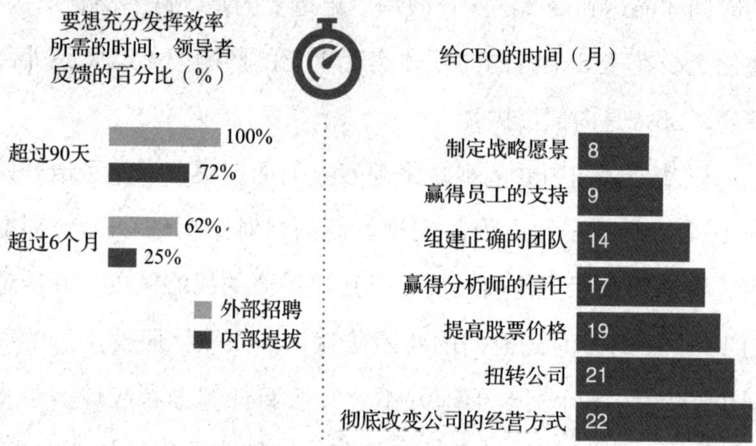

如何实现？

遵循 5 步法则成功实现领导交替

索菲亚是一家欧洲金融服务公司的高管，刚刚接受了公司保险经纪业务的高级管理职位。她的职业生涯轨迹受到了领导层的密切关注，他们认为，尽管这对她来说是一项艰巨的任务，但她是这个角色的合适人选。索菲亚最初在零售银行板块的财务部工作，通过承担一系列越来越具有挑战性的企业管理角色，迅速晋升。她与保险业务部门有过一些接触，但对其运作方式知之甚少。然而，她很清楚其业绩疲软的名声。

1. 统一目标

索菲亚一接受这个新角色，就把自己沉浸在细节中。她花时间来理解即将离任的领导者的观点，认真倾听，同时牢记他在任期间的绩效表现低于平均水平。她还与第三方专家组织了一次会议，以了解行业动态、竞争对手趋势和最佳实践。此外，她还遇到了几位在她职业生涯早期的同事，他们现在都在同一家公司工作，她开始了解自己即将接手的团队。

索菲亚在担任这一职务后就开始参与到组织的工作中，去实地拜访各区域办事处。在那里，她单独访谈了高绩效员工，听取他们的建议，并与其他员工见面。她还会见了主要客户，听取他们的希望和担忧。与此同时，代表她的一个研究小组正在对业务部门的业绩和文化进行基线分析。她每周都会与研究小组见面，讨论调查结果，并构建“一个真相版本”。

索菲亚上任10周后，她带领团队在外部进行了为期两天的“激发愿景”会议。在活动之前，参与者收到了关于业务的基本信息，这样他们就可以有效地利用时间来专注于只有他们才能做的工作。他们共同创造了一个高层次的愿景：“我们将作为一家银行拥有的企业去运营，而不是一家单独的公司。”他们还同意暂定两周一次会议的做法，以加深讨论。

统一目标
我们想去哪里？

- 基线：创建“一个真相版本”，用来“照镜子”
  - 竞争动态
  - 历史表现
  - 当前的文化
  - 产业动态
- 倾听之旅：与利益相关者在实地交流
- 共同创造：让你的团队参与共同创造一个高水平的愿景和实现它的途径

2. 认识差距

鉴于公司当前的状态和高水平的愿景是清晰且一致的，索菲亚和她的战略小组确定了为实现其愿景应重点关注的优先领域。该团队还指出，组织需要新的功能——数字营销、数据分析和 CRM（客户关系管理）。最后，针对新的优先级交付的最佳组织设计的各种选项都考虑到了。上任 12 周后，索菲亚宣布事业部进行重组，两位高管将提前退休，并在她的管理团队中增设三个新职位。

在这段时间里，索菲亚每天早上花一个小时非正式地与主要的利益相关者接触。与此同时，她还拥有一个小团队，负责几个专题小组，以识别可能干扰他们的愿景的潜在限制性思维模式和行为。他们发现，许多员工认为，作为一家大型金融服务机构的一部分，会抑制保险业务的表现，而不是赋予其竞争优势。员工也缺乏对部门外同事的能力的信任。员工还普遍认为，“只要收入在增长，其他一切（包括利润率）都会自行解决。”

在团队的下一个研讨会中，一位经验丰富的主持人帮助他们就具体的绩效目标达成一致，如利润率增长、交叉销售率和客户满意度，并确定必要的思维模式和行为转变。

认识差距
我们准备好了吗?

- **目标**：指定实现目标的价值驱动因素
- **能力**：了解当前和需求之间的差距
- **思维模式**：确定思维模式和行为需要哪些“从……到……”的转变
- **早期成功**：对公司架构和人员做出“无悔”的改变
- **利益相关者参与**：花更多时间在与利益相关者相关的领域
- **团队协作**：让你的团队共同创建优先领域的“从……到……”的目标

3. 明确路径

索菲亚和她的新团队对现状进行了“评估”，并达成了一致的愿景，他们开始计划如何“采取行动”推动组织向前发展。他们启动了项目团队，以确定在每个优先领域将会发生什么。执行层成员作为每个计划的发起人，配对工作，以便更好地了解彼此。项目团队的重点是制定客户细分战略、优化技术资源、标准化办公模式和薪酬结构，以及与公司其他业务建立更全面的合作关系。他们不仅要带回来传统的业务案例，还需要提出“应该停止什么”，如何构建所需的能力，以及如何通过与角色建模、讲故事、增强机制和技能构建相关的操作明确地“为文化变革而设计”。

在下一次的外部会议，讨论并签署了每个项目的范围，也从总项目方案的角度对工作进行了评议——需要做出哪些关键决策，哪些是总体里程碑，以及将使用哪些治理机制。为了确保每个人都理解决策权、关键绩效指标和未来的相互依赖性，还制订了一些方案，然后将整个项目的目的、内容、方式、时间和人员的全貌以一个变革故事的形式组合在一起。最后，团队讨论了他们的角色需要是什么，并决定了他们未来的稳定运行节奏。

明确路径
我们需要做什么才能达成?

- 计划：与资深发起人一起启动战略计划团队
- 变革管理：确定文化变革和变革管理的计划
- 停止做的事：明确哪些会改变，哪些不会（或不应该）改变
- 变革故事：将元素组合成一个完整的变革故事
- 承诺：讨论个人和团队领导的承诺
- 节奏：确定经营业务的节奏

4. 采取行动

外部会议之后，索菲亚迅速将目光转向制订详细的计划，与此同时在董事会上取得了一些胜利。她创建了一个项目管理办公室（PMO）来协调各个项目团队完成工作。这一阶段将以组织中的 300 名高级领导者的非现场会议结束，届时在会议上共享和细化整个变革故事和详细实施计划。为使这次会议正式标志着本组织新方向的开始，PMO 的任务是制订一项全面的变革管理和沟通计划。在此期间，财务和人力资源团队审查了当前的业务和人才流程，以确保它们与新方向保持一致，并弄清“谁对什么事情负责”。

索菲亚在她的角色上，则花时间和她的老板拉吉特（Rajit）在一起，确保他对这个计划感到放心，并大力支持。她还请求他在 300 名高管参加的非现场会议上扮演一个角色，把新方向的潜力放到对公司整体意义的背景下。她还和助理一起将指导方针写在日历上，确保她会把时间花在重要的事情上，同时确保有足够的弹性来处理紧急的事情。

采取行动
我们如何管理过程？

- **领导联盟**：在愿景和优先事项上，建立更广泛的高管层联盟（例如前300名）
- **影响领导者**：找到并动员变革领导者，推动进展
- **度量**：实现所需的度量和评审功能
- **流程**：在业务和人才管理流程中建立新的方向，确保个人责任清晰
- **角色建模**：个人角色模型需要改变

5. 持续改进

在 300 名高层管理者的会议结束后，索菲亚开始从一种过渡模式转向一种更稳定的方式来推动企业向前发展。在接下来的 6 个月里，她继续与 PMO、指导委员会和项目团队每月开例会，一旦事情步入正轨，她就转为季度会议。她继续掌控自己的个人时间管理，确保主动平衡与客户、业务伙伴、监管机构和团队教练之间所花费的时间，同时保留足够的时间来反思战略、组织动态和个人影响。

索菲亚与她的团队保持着密切的联系，就像一个整体，并通过频繁的一对一的指导确保他们保持一致。让她感到失望的是，在她上任 6 个月后，有两位领导者并没有像她希望的那样改变，她需要进行必要的调整，她与人力资源总监合作，确保在薄弱领域有可继任的人选。她还利用了一个非正式的顾问核心圈子，她把这些人当作参谋，一个谨慎建议的来源，一个获取“真正内幕”的途径，让他们了解她和她的团队的行动是如何被组织更深刻地理解的。

持续改进
我们如何不断前进?

- 个人更新：确保把你的个人时间花在优先事项和自我更新上
- 组织：对组织和人员进行相应的调整
- 问责制：对领导者问责，给他们支持和挑战
- 运营模式：完善你的运营模式，以及度量和评估方法
- 反馈：为你自己和你的团队获得关于角色塑造的正式反馈

在她担任这个角色一年后，并非一切都按计划进行。经济环境的不可预见的变化已经迫使战略转向更多地关注消费者业务。在一名高管人员分管的领域出现重大风险和合规问题后，她不得不将其调离。由于索菲亚的工作节奏到位，团队能够在早期发现调整的需要，并及时做出改变。结果，业务部门的业绩开始出现转机，公司在交叉销售渗透率和利润率方面实现了大幅增长，超出了此前的计划。此外，95% 的员工觉得现在有一个明确的、共同的方向，而在索菲亚到来之前，这一比例还不到 50%。最重要的是，索菲亚认为她有正确的战略、合适的团队，以及来自利益相关者的大力支持，这些足以支持她和她的团队继续前进。

领导交替

概览

为什么重要?

- 领导层交替事关重大。
- 近一半的交替失败，主要是由于软实力。
- 交替的频率在上升，但获得的帮助很少。

有什么好主意?

- 同时对 5 个领域进行评估并采取行动。
- 清楚你不做什么和你会去做什么。
- 忘记“100 天”：影响力驱动，而不是日程驱动。

如何实现?

- 遵循 5 步法则成功实现领导交替。

在每个步骤中，最容易被忽略的动作：

统一目标：与你的团队共同创造梦想。

认识差距：尽早采取“无悔”的行动。

明确路径：创建一个强大的、综合的变革故事。

采取行动：建立“意料之中”的审查机制。

持续改进：确保留出反思 / 更新时间。

现在该做什么

就这样，我们已经涵盖了10个永恒的主题——这些主题对于任何组织中的任何领导者来说都是至关重要的，无论在以前、现在还是多年以后，都是如此。对于每一个主题，我们都分享了为什么它在今天仍然如此重要，以及相应的商业案例。我们提出了一份简短的研究和经验支持的“好主意”清单，说明作为领导者，你能做些什么来抓住关键价值。最后，我们提供了在实践中应用这些想法的路线图（以及相关的案例研究）。至此，任务完成……

……如果我们只是把它留在那里，我们就违背了写这本书的初衷！领导者比以往任何时候都要忙，因此需要一个能解答长期领导力问题的“一站式商店”。在你已经满满当当的领导事项栏里，只留下一份列有10个重大变革专题的清单，这是毫无帮助的！事实上，在一个时间和资源有限的世界里，还有一个问题必须解决，那就是我应该从哪里开始。

对于领导者来说，最直接的解决方法是：a）确定这些主题的相对重要性，以传递商业策略；b）评估每个主题目前对自己组织的有效性。在差距最大的地方（例如，战略的高度重要性与目前做法的无效性），这是一个很好的出发点。接下来的工作表——利用我们在每个主题上分享的重要思想——可以有所帮助。为了从练习中获得最大的价值，我们还建议将其交给你的团队来完成，然后讨论在何种程度上存在一致性，为什么，以及如何处理它。

	在这个主题上成为最好的对你的战略有多重要 1 = 比较重要 2 = 非常重要 3 = 极度重要	我们当前的状态怎样 1 = 很好 2 = 好 3 = 不好	优先级指数（数值越大，优先级越高）
1. 人才吸引与保留	□A		A×E = F □
• 我们知道哪些 5% 的角色交付了 95% 的价值		□B	
• 我们有极具吸引力的待遇，而且正在兑现		□C	
• 我们正在投资技术，将其视为下一个改变游戏规则的因素		□D	
		B + C + D = E □	
2. 人才培养	□A		A×E = G □
• 我们的方法创造了超越教室和计算机的学习旅程		□B	
• 我们的方法对参与者来说是个性化的		□C	
• 我们的方法专注于个人的优势，并与延伸目标相联系		□D	
		B + C + D = E □	

（续）

	在这个主题上成为最好的对你的战略有多重要 1 = 比较重要 2 = 非常重要 3 = 极度重要	我们当前的状态怎样 1 = 很好 2 = 好 3 = 不好	优先级指数（数值越大，优先级越高）
3. 绩效管理	□A		A×E = H□
• 我们的方法使公司和员工的动机协调一致		□B	
• 我们的方法被所有参与者视为一个公平的过程		□C	
• 我们更关心培养正确的技能，而不是系统和数据		□D	
		B + C + D = E□	
4. 高绩效团队	□A		A×E = I□
• 我们积极地衡量和管理方向一致、互动和更新意识		□B	
• 我们的团队专注于做只有我们能做的工作		□C	
• 我们不会让组织结构决定谁是团队中的一员——让合适的人来实施我们的战略		□D	
		B + C + D = E□	
5. 决策	□A		A×E = J□
• 我们区分 3 种类型的决策并相应地调整我们的方法		□B	
• 我们将对话与数据看得同等重要		□C	
• 我们有效地防止偏差		□D	
		B + C + D = E□	

（续）

	在这个主题上成为最好的对你的战略有多重要 1 = 比较重要 2 = 非常重要 3 = 极度重要	我们当前的状态怎样 1 = 很好 2 = 好 3 = 不好	优先级指数（数值越大，优先级越高）
6. 组织再造	□A		A×E = K □
• 我们的设计注重人、过程和结构，而不仅仅是条条框框		B □	
• 我们的设计中既有稳定的支柱，也有敏捷的元素		□C	
• 我们遵循了流程成功再造的 9 条黄金法则		□D	
		B + C + D = E □	
7. 降低间接成本	□A		A×E = L □
• 我们采用了零基方法		□B	
• 我们充分利用了适用的 7 种手段		□C	
• 我们有“适合目标”的管理幅度和层次（而不是过于简单化）		□D	
		B + C + D = E □	
8. 文化	□A		A×E = M □
• 我们关注的是推动业绩的 9 个要素，而不仅仅是敬业度		□B	
• 我们明确地识别和改变潜在的思维模式和行为		□C	
• 我们使用 4 种有较高影响力的手段来完成工作		□D	
		B + C + D = E □	

（续）

	在这个主题上成为最好的对你的战略有多重要 1 = 比较重要 2 = 非常重要 3 = 极度重要	我们当前的状态怎样 1 = 很好 2 = 好 3 = 不好	优先级指数（数值越大，优先级越高）
9. 转型变革	□A		A×E = N□
• 我们在绩效和组织健康上投入了同样的时间和精力		□B	
• 我们将"5 个框架"的方法应用于转型变革		□C	
• 对于如何充分利用可预见的非理性，我们是理性的		□D	
		B + C + D = E□	
10. 领导交替	□A		A×E = O□
• 我们有目的性地同时在 5 个领域开展评估和行动		B□	
• 我很清楚我和公司会做什么，也很清楚我们不会做什么		□C	
• 我受影响力驱动而不是受日程驱动		□D	
		B + C + D = E□	

优先级总结

主　题	优先级指数（根据之前几页的计算）	优先级排序（从 1 到 10 排序，1 为最高优先级指数）	注　释
1. 人才吸引与保留	□F	□	
2. 人才培养	□G	□	

（续）

主　题	优先级指数（根据之前几页的计算）	优先级排序（从 1 到 10 排序，1 为最高优先级指数）	注　释
3. 绩效管理	□H	□	
4. 高绩效团队	□I	□	
5. 决策	□J	□	
6. 组织再造	□K	□	
7. 降低间接成本	□L	□	
8. 文化	□M	□	
9. 转型变革	□N	□	
10. 领导交替	□O	□	

这种优先排序方法是公认的基本的、比较简单和机械性的。在这方面，它可以被比作经典的牛顿物理学。一个更复杂的观点是类似于亚原子物理学，不仅关注每个主题的层面，而且关注各个部分之间如何动态地彼此相互作用。

我们已经利用我们的数据库，对来自世界各地 1500 多个组织的 300 多万份调查反馈进行了探索。那些对细节感兴趣的读者可以参考斯科特·凯勒（Scott Keller）和科林·普拉思（Colin Price）的著作《超越绩效》的第二章和第三章，因为有些发现——就像量子物理学中的狭义相对论和波粒二象性一样——不容易总结。然而，领导者应该明白的是，你不应该试图在所有事情上都做得很好（例如，试图让你的组织成为领导力发展方面的通用电气、塑造市场方面的苹果、精益管理执行方面的丰田，以及吸引顶级人才方面的高盛，这些充其量只会让你变得平庸）。相反，你要对管理实践做出明确的选择，这需要伟大的意志。

我们要指出的是，尽管牛顿相对简单的方程并不适用于所有情况，但它在解释我们的日常现实方面做得相当好！

对于我们所涉及的每一个永恒的主题，毫无疑问，领导者都希望有一个通透的商业案例视图（为什么），以及有帮助的见解（是什么）和关于如何在实践中运用（如何做）的指导。这些主题包括：如何增加多样性和包容性、数字化转型、管理千禧一代、掌握合规责任、建立更有活力的合作关系等。在此背景下，我们希望你能将本书视为你与我们共同旅程的起点——我们希望就你提出的问题与你进行交流，并听取你对本书的反馈。你可以通过网站 www.mckinsey.com/LeadingOrganizations 联系我们，也可以随时通过 scott_keller@mckinsey.com 和 mary_meaney@mckinsey.com 联系我们。最后，用美国航空航天局（NASA）任务控制中心在阿波罗 11 号开始它的历史性旅程时对它说的话来结尾：“祝你好运。”

致　谢

“你要给谁打电话？”这句话是小雷·帕克（Ray Parker Jr.）在好莱坞超自然喜剧《捉鬼敢死队》的配乐中颇具感染力的副歌部分。当我们面对与我们所涉及的主题领域相关的问题时，我们联系了麦肯锡全球组织和领导力实践的许多领导者和成员。说实话，本书的内容更多是他们的，而不是我们的！

我们还要特别感谢我们的两位同事，安妮塔·巴乔（Anita Baggio）和西汉姆·侯赛因（Seham Husain），他们帮助我们整理了这本书的内容。如果没有布鲁姆斯伯里出版社（Bloomsbury）团队的支持和指导，尤其是伊恩·霍尔斯沃思（Ian Hallsworth）和路易丝·塔克（Louise Tucker）的指导，这本书也不可能以如此容易阅读和引人入胜的形式交到你的手中。诺亚·史密斯（Noah Smith）和他在 Scrap Labs 的团队设计了这本书的外观和手感，在此表示感谢。

此外，我们永远感激我们的家人，为了让这本书面世，他们不得不牺牲了许多个周末和深夜。最后，我们想让你知道我们很感激你在这段旅程中加入了我们，我们期待有机会再一次见到你！

彼得·德鲁克全集

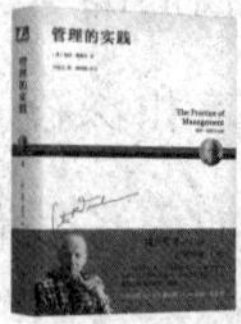

序号	书名	序号	书名
1	工业人的未来The Future of Industrial Man	21 ☆	迈向经济新纪元 Toward the Next Economics and Other Essays
2	公司的概念Concept of the Corporation	22 ☆	时代变局中的管理者 The Changing World of the Executive
3	新社会 The New Society：The Anatomy of Industrial Order	23	最后的完美世界 The Last of All Possible Worlds
4	管理的实践 The Practice of Management	24	行善的诱惑The Temptation to Do Good
5	已经发生的未来Landmarks of Tomorrow：A Report on the New "Post-Modern" World	25	创新与企业家精神Innovation and Entrepreneurship
6	为成果而管理 Managing for Results	26	管理前沿The Frontiers of Management
7	卓有成效的管理者The Effective Executive	27	管理新现实The New Realities
8 ☆	不连续的时代The Age of Discontinuity	28	非营利组织的管理 Managing the Non-Profit Organization
9 ☆	面向未来的管理者 Preparing Tomorrow's Business Leaders Today	29	管理未来Managing for the Future
10 ☆	技术与管理Technology，Management and Society	30 ☆	生态愿景The Ecological Vision
11 ☆	人与商业Men，Ideas，and Politics	31 ☆	知识社会Post-Capitalist Society
12	管理：使命、责任、实践（实践篇）	32	巨变时代的管理 Managing in a Time of Great Change
13	管理：使命、责任、实践（使命篇）	33	德鲁克看中国与日本：德鲁克对话"日本商业圣手"中内功 Drucker on Asia
14	管理：使命、责任、实践（责任篇）Management: Tasks,Responsibilities,Practices	34	德鲁克论管理 Peter Drucker on the Profession of Management
15	养老金革命 The Pension Fund Revolution	35	21世纪的管理挑战Management Challenges for the 21st Century
16	人与绩效：德鲁克论管理精华People and Performance	36	德鲁克管理思想精要The Essential Drucker
17 ☆	认识管理An Introductory View of Management	37	下一个社会的管理 Managing in the Next Society
18	德鲁克经典管理案例解析（纪念版）Management Cases(Revised Edition)	38	功能社会：德鲁克自选集A Functioning Society
19	旁观者：管理大师德鲁克回忆录 Adventures of a Bystander	39 ☆	德鲁克演讲实录The Drucker Lectures
20	动荡时代的管理Managing in Turbulent Times	40	管理(原书修订版） Management (Revised Edition)
注：序号有标记的书是新增引进翻译出版的作品		41	卓有成效管理者的实践（纪念版）The Effective Executive in Action